Gudrun Dietze · Die schönsten Gerichte aus Thüringen

Verlag
für die Frau
Leipzig

Die schönsten Gerichte aus Thüringen

Kulinarische Spezialitäten, aufgeschrieben von Gudrun Dietze

Herausgegeben von Renate Florstedt

Alle Rezepte sind für 4 Personen gedacht.
Mit einer senkrechten Linie gekennzeichnete Rezepte
fußen auf ganz alten, historischen Überlieferungen.
Auf den doppelseitigen Fotos (S. 20/21, 44/45, 70/71, 88/89)
sind jeweils alle Gerichte des zugehörigen Kapitels abgebildet.

ISBN 3-7304-0383-4

2. Auflage 1994
© Verlag für die Frau GmbH · Leipzig 1994

Inhalt

- 7 Thüringen – kulinarisch betrachtet
- 15 Ohne Klöße geht es nicht
- 19 Der Osterschmaus
- 24 Schwein, Rind und Schöps
- 42 Sommerliches Grillvergnügen
- 49 Gemüse vom Feld und aus dem Garten
- 55 Kartoffelgerichte und herzhafte Eierspeisen
- 60 Raffiniert einfach: Eintöpfe
- 68 Kirmes oder Kirchweihfest
- 72 Thüringer Fischküche
- 76 Geflügel, Wild und Kaninchen
- 87 Der große Weihnachtsbraten
- 91 Süße Sachen
- 96 Rezeptverzeichnis

Thüringen – kulinarisch betrachtet

Manebach: Blick vom Goetheweg

Thüringen – kulinarisch betrachtet

Thüringen wird gern der »grüne Garten Deutschlands« genannt. Das gilt im großen für die runden Bergkuppen mit ihren sattgrünen Wäldern, für sanfte Hügelwiesen und frische Flußniederungen, für die rauhen Burgen aus ferner Vergangenheit und die architektonischen Kleinode in Städten und Dörfern. Alles in allem ein Augenschmaus. Das gilt auch im kleinen für jeden Thüringer Bauernhof, der ohne Garten einfach nicht denkbar ist. Obst, Gemüse und Kräuter wachsen hier heran. Und weil der gute Sonntagsbraten so geliebt wird, beherbergen die Ställe Schweine, Ziegen, Schafe, Kaninchen, Hühner, Puten, Gänse und Enten. Das Dach wird vom Taubenschlag gekrönt.

Der Wald füllt die »zweite Speisekammer« der Thüringer. In reicher Zahl hält er Pilze und Blaubeeren bereit. Es gibt Wild. In den Fischteichen wimmelt es von Karpfen und Forellen. Einige klare, quellnahe Wasserläufe warten sogar mit den edlen Bachforellen auf.

Und nicht nur auf dem Lande findet man diese Fülle: In den kleinen und großen Städten Thüringens sind die Wochenmärkte wieder aufgeblüht. Dort werden frische ländliche Produkte angeboten. Die Jenaer, Triptiser, Arnstädter ... machen gern davon Gebrauch.

Aus diesem Reservoir schöpft die Thüringer Küche. Einige ihrer vielfältigen häuslichen Rezepte, die *heute* zwischen Weimar und Suhl, Heiligenstadt und Gera verbreitet sind, will unser Kochbuch vorstellen.

Es gründet auf einer weit in die Vergangenheit reichenden Tradition, enthält aber nur Gerichte, die auch dem gegenwärtigen Anspruch genügen. Manch ein älterer Thüringer schwärmt ja gelegentlich von Pellkartoffeln und Leinöl, die er als Kind bei der Großmutter aß. Käme das Gericht heute auf den Tisch, würden seine nostalgischen Erinnerungen mit jedem Bissen mehr schwinden. Vor allem wenn ein Gänsebraten gleich daneben steht. Auch die dünnen Wassersuppen, mit denen erfindungsreiche Thüringer Bäuerinnen in schweren Jahren Familie und Gesinde durchbrachten, die aber heute keiner mehr essen will, sind hier ausgespart.

Stattdessen versammelt unser Kochbuch die Rezepte der schönsten, schmackhaftesten und beliebtesten Thüringer Gerichte. Alle Speisen werden zeitgemäß zubereitet und sind doch noch so »original«, daß selbst kritische Urgroßmütter und Großmütter das Ergebnis gelten lassen würden.

Was ist eigentlich »Thüringer Küche«? Zumindest zwei ihrer Gerichte sind weltberühmt geworden: die Thüringer Klöße und die Thüringer Rostbratwurst.

Landschaft bei Umpferstedt

Wo auch immer in Deutschland ein Holzkohlegrill auf Jahrmärkten, bei Gartenfesten und Volksbelustigungen aller Art, an einer Straßenecke oder in einem Biergarten glüht und auf ihm zischende, knusprige Bratwürste mit verführerischem Duft den Vorübergehenden anlocken, wird mit dem Slogan »Echte Thüringer« geworben. Dabei sind sie nur in Thüringen wirklich echt!

An drei wichtigen Merkmalen lassen sie sich äußerlich erkennen: Ihre Hülle besteht aus Schweinedarm, nicht zu fest und nicht zu dünn. Sie sind »weich«, also nicht fest gestopft, und werden vor dem Braten auch nicht gebrüht oder anderswie vorgegart. Was alles zu ihrem »Innenleben« gehört, wird hier natürlich nicht verraten, nur die Hauptsache: Die Füllung muß grob gehackt und nicht zu mager sein, dann bleiben die Roster saftig, selbst wenn sie außen braun und kroß gebraten sind.

Auch die Thüringer Klöße werden oft kopiert und selten erreicht. Als etwa um 1680 der Kartoffelanbau in Thüringen begann, ersetzten sie sehr rasch die bis dahin üblichen Mehlklöße. Dabei entdeckten die findigen Thüringer Hausfrauen bald, daß Klöße aus Kartoffelteig lockerer und zarter geraten als die festen, mehligen Vorläufer. Von da an war der Siegeszug der Thüringer Klöße nicht mehr aufzuhalten.

»Erfunden« wurden sie – so sagt man – in den kleinen und großen Bauernküchen. Auf den Tafeln der Grafen und Fürsten waren sie jedoch ebenso präsent. Die Art der Speisen unterschied sich nicht wesentlich bei Bauer, Bürger und Edelmann; wohl aber deren Menge und Qualität. Christian Heinrich Steinbeck, Mundkoch der Fürstin zu Gera und Reuß, lobt 1825 die »Erdäpfelköße«, nennt ebenfalls die »Gebackenen Erdäpfelklöße« (deren Rezept sich übrigens seitdem wenig verändert hat) und kennt auch zwei Sorten Grieß- oder Stärkeklöße.

Donnerstag und Sonntag waren (und sind) Kloßtage! Die seit dem Mittelalter übliche gebundene Speisefolge, die für jeden Tag ein Gericht und dieses Gericht in einer bestimmten Zubereitungsform kannte, lebt in Thüringen zum Teil bis heute fort. So werden die schon erwähnten »Gebackenen Klöße« allein zur weißsauren Soße gereicht, obwohl sie sicher als Beilage auch zu manch anderem Gericht schmecken würden. Nur Thüringer Klöße sind ein Sonntagsgericht; alle anderen Kloßsorten werden noch heute auf den Donnerstag verbannt. Auch deshalb sind in diesem Kochbuch immer *komplette* Gerichte vorgestellt und nicht einzelne Bestandteile zum beliebigen Kombinieren. Das Sauerkraut, das beispielsweise zum Dickbein gereicht wird, hat eine andere Zubereitungsart als jenes, das man zu Mutzbraten oder Rostbratwürsten ißt. Die Soßen für »Rückbeinchen« sind genau vorgeschrieben. Und der Selleriesalat zum Karpfen auch.

Die Besonderheit und Eigenart der Thüringer Küche ist nur zum Teil am Namen der Rezepte ablesbar. Hefeklöße mit Speck und Heidelbeeren, Kartoffeldetscher, Erdbirnen, Rückbeinchen und Schnippelsuppe sind auf den ersten Blick als Spezialitäten des grünen Landes um Werra und Saale zu erkennen. Aber Bratklops und Schnitzel, Leber und Kotelett, Rouladen und Gänsebraten werden allerorten in Deutschland zubereitet. Was soll daran »thüringisch« sein?

Thüringer Gehöft in Reichenbach bei Bad Langensalza

Die Machart! Auf nur hier übliche Weise wird das Fleisch angebraten, so daß als wichtigstes und hauptsächlichstes Ergebnis am Ende die gute Bratensoße vorzuweisen ist. Die wird ja dringend gebraucht, für die Klöße nämlich! Und selbst dann, wenn eigentlich gar kein Bratfonds entstehen kann – wie bei Schnitzel oder Leber –, zaubert die Thüringer Hausfrau einen herbei, mit Tricks, die in den Rezepten nachzulesen sind.

Da Thüringer Küche eine solide, äußerst schmackhafte Hausmannskost ist und somit auf familiärer Überlieferung beruht, gibt es für fast alle Gerichte unzählige Varianten. Schon ein Tal weiter schwören die Hausfrauen auf ein anderes Kloßrezept oder haben ein besonderes Kräutlein »Siebenerlei« entdeckt, ohne das kein Braten mehr schmeckt. Ein Kochbuch wie dieses kann und will kein Universalverzeichnis aller Thüringer Rezepte sein. Wenn jedoch jemand eines kennt, das nach seiner Meinung unbedingt noch zu dieser Sammlung »der allerschönsten« gehören sollte, sind Autorin und Verlag für jeden freundlichen Hinweis aufgeschlossen.

Für einige der hier enthaltenen Gerichte werden manche Zutaten außerhalb Thüringens wahrscheinlich schwer zu finden sein. Denn kleine und mittelständische Betriebe haben sich auf die Kochgewohnheiten ihres Landes eingerichtet und produzieren, was für die Hausfrauen unentbehrlich ist: Schmand und Soßenkuchen. Soßenkuchen, ein herbes, dunkles Gebäck, wird in wenig warmem Wasser aufgeweicht und bindet süßsaure Soßen. Er ist – wenn nicht erhältlich – durch Pfefferkuchen ohne Zuckerglasur leicht zu ersetzen. Der Schmand gehört an viele Bratensoßen, wird aber bereits beim Anbraten zugefügt und muß sogar »mitschmoren«. Saure Sahne hält das nicht aus, sie flockt. Wer keinen Schmand bekommt, sollte es lieber mit frischem, natürlich ungesüßtem Joghurt versuchen.

Auch Taube und Zickelbraten, hier aufgenommen, weil ohne sie kein Thüringer Kochbuch denkbar ist, sind selbst in Delikatessengeschäften rar und wahrscheinlich nur in ländlichen Gegenden und bei Hausschlachtungen zu bekommen.

Die Thüringer Küche kennt, wie gesagt, einfache Alltagsmahlzeiten und üppige Festtagsessen. Das größte Fest im Jahreskalender der Landbevölkerung ist die Kirmes. Der Bauer hat gut vorgesorgt: Die Ernte ist eingebracht. Die Teiche sind abgefischt. Die Martinsgänse gerupft. Die erste Jagd hat stattgefunden. Und doch kann die Kirmes erst beginnen, wenn die Sau geschlachtet und der Hof gekehrt ist. Traditionelles Leben und Wirtschaften sind also noch immer hier zu finden, wobei die Thüringer beileibe keine altmodischen Hinterwäldler sind. Sie leben mit der Zeit, wie anderswo auch. Aber sie halten an bewährten Sitten und Bräuchen fest, versuchen, das Band, das sie mit den Generationen vor ihnen verbindet, nicht reißen zu lassen.

So wird ein Teil des Hausgeschlachteten durchaus fachgerecht in leistungsfähigen Tiefkühltruhen eingefrostet. Die Würste aber hängen in der alten Räucherkammer. Am Kirmessonntag wird nach dem Kirchgang zweimal gekocht. Mittags meist Festtagskarpfen mit Klößen und dazu ein Fleischgericht, Kalbsbraten oder Wildente. Selleriesalat und süßsaurer Kürbis gehören dazu. Abends dasselbe nochmals, aber wieder frisch geschlachtet und frisch zubereitet. Die Karpfen schwimmen in einer Wanne, die auf dem Hof steht. Sie werden je nach Bedarf in die Küche geholt und verarbeitet.

Der Nachmittag gehört den Kuchen. Unter 20 verschiedenen Sorten tut es keine Bauersfrau, schließlich trifft sich zur Kirmes die ganze Verwandtschaft. Nach einem harten Arbeitsjahr hat man Zeit, in Ruhe beieinanderzusitzen und alles Wichtige zu besprechen. Abends gibt's Blasmusik und Tanz.

Cottendorf am Singer Berg

Am 2. Feiertag beginnt der Tanz schon am Nachmittag, und die jungen Mädchen präsentieren ihre neuen Kleider. Im Oberland wurde früher ein grotesker »Kehraus« gefeiert: Am 3. Feiertag, dem Dienstag, spielte die Kapelle zum »Kirmesbegräbnis« auf. Ein Sarg kam in den Tanzsaal und erinnerte die jungen Leute an das Ende vom Fest und an das Ende alles Schönen.

Heute wird längst nicht mehr so lange und so ausgelassen Kirmes gefeiert. Keiner hat mehr Zeit.

Manchmal haben die älteren Thüringer Angst, daß die Lebensweise der Altvorderen in Vergessenheit gerät, daß die nachfolgenden Generationen gar nicht mehr wissen, wie einst gefeiert, wie einst getanzt, wie einst gebacken, wie einst gekocht wurde.

Unser Kochbuch versucht, ein wenig von dieser Identität zu bewahren.

Gudrun Dietze, deren Backbuch »Thüringer Festtagskuchen« sich schon so überaus großer Beliebtheit erfreut, hat über Jahre hinweg heimatliche Rezepte gesammelt und erprobt. Die meisten wurden ihr als jungem Mädchen von der Mutter erklärt. Ratschläge von anderen Verwandten, Nachbarinnen, Freundinnen kamen hinzu. Hauptsächlichstes Bewährungsfeld aber war ihre eigene Küche und das größte Lob die zufriedenen Gesichter von Mann und Kindern, Geschwistern und Schwägern, Freunden und Bekannten.

Mit dem ihr eigenen Geschick und Talent hat sie jeder Rezeptur das äußerste an Wohlgeschmack entlockt. Ihr Vorschläge zeichnen sich durch Genauigkeit aus und sind vielmals erprobt. Sie führen immer zum Erfolg. Leicht verständliche Beschreibungen und viele Vorschläge, wie die Speisen zu ergänzen und anzurichten sind, halten ein Stück Thüringer Kochtradition fest. Gudrun Dietze pflegt nur die guten Gewohnheiten. Sie besitzt einen kleinen Kräutergarten mit Thymian, Basilikum, Zitronenmelisse, Kerbel, Estragon, Majoran, Rosmarin, Knoblauch, Petersilie, Kresse und Schnittlauch. Sie geht in jedem Fall sparsam mit Salz und anderen scharfen Gewürzen um, weil sie den Eigengeschmack der einzelnen Zutaten heben, ihn jedoch nicht »übertönen« will.

Schmand, Sahne und »gute« Butter gehören dagegen zu ihren Favoriten, obwohl sie der gesunden Ernährung zuliebe die Fettmenge reduziert und auch empfiehlt, überflüssiges Fett von Soßen abzuschöpfen. Sie verlieren dabei nicht an Geschmack. Sie reicht Gemüse zu den meisten Fleischgerichten, auch als frischen Salat ...

Unser Kochbuch ist also traditionsbewußt und modern zugleich. Es gibt Empfehlungen für eine regional gefärbte, schmackhafte, zeitgemäße Küche. Es lädt ein, die schönsten Thüringer Gerichte zu probieren.

Verlag und Autorin wünschen guten Appetit!

Thüringen – kulinarisch betrachtet

Der Thüringer Wald bei Oberhof

Die für Thüringen so typischen Klöße

Ohne Klöße geht es nicht

»Wer das Wort Thüringer hört, denkt zuerst an die Klöße!« Dabei gibt es das einmalige Originalrezept für Thüringer Klöße gar nicht. In jedem Ort werden sie anders zubereitet. Die Suhler »Hütes« unterscheiden sich schon von den Greizer Klößen. Meistens lernen die Töchter das Rezept von der Mutter. So werden Erfahrungen über Generationen weitergereicht. Donnerstag und Sonntag waren von alters her Kloßtage. Dabei sind bis heute die echten Thüringer Klöße dem Sonntag und dem feinen Braten vorbehalten. Die anderen Kloßarten gibt es auch wochentags.

Thüringer Klöße

(ca. 10 Klöße)

2 kg geschälte rohe Kartoffeln

2 TL Salz · evtl. 1 EL Kartoffelmehl

nach Belieben Semmelröstel von 1 Semmel · 1 TL Butter

1/3 der Kartoffeln (700 g) in Stücke schneiden, mit 1/2 l Wasser kochen und mit dem Kartoffelstampfer zu Brei zerdrücken.

Die restlichen Kartoffeln entweder per Hand auf einem Reibeisen oder mit der Küchenmaschine reiben und die austretende Flüssigkeit abgießen. Den »Reibrich« gut ausdrücken. In eine Schüssel geben, auflockern, mit dem Salz vermischen und den kochendheißen Kartoffelbrei auf einmal oder in zwei Portionen darüberschütten. Mit dem Kloßstampfer gut mischen und verrühren, bis sich der Kloßteig von der Schüssel löst. Ist der Teig zu dünn geraten, noch 1 EL Kartoffelmehl zugeben.

Klöße formen und in kochendes Salzwasser gleiten lassen. Wer will, kann auch geröstete Semmelwürfel in die Kloßmitte geben. Die Klöße nur leise wallen lassen. Wenn sie »schwimmen« – also an die Wasseroberfläche gestiegen sind –, der Topf vom Herd nehmen und noch 10 Minuten ziehen lassen. Die Klöße dürfen nicht zu lange auf dem Herd bleiben, sonst zerkochen sie! – Mit Kloßweiß werden sie nicht grau.

In Thüringen heißt es: »Ein guter Kloß und eine gute Magd stehen alleine auf!«

Die »echten« Thüringer Klöße werden zu allen »feinen« Gerichten gegessen und haben innen meist keine Semmelkrusteln. Sie werden beim Essen zuerst auf den Teller genommen, etwas aufgerissen oder auch mit der Gabel breit gedrückt. Erst dann kommt die »gute Bratensoße« darüber ...

Stärkeklöße

(ca. 6–8 Stück)

700 g gekochte Pellkartoffeln

150 g Kartoffelmehl

1 gestrichener TL Salz · 1 Semmel · 1 Ei · 1 TL Butter

Die gekochten Kartoffeln pellen, durch die Kartoffelquetsche pressen und mit Kartoffelmehl, Salz und Ei zu einem Teig verkneten. Die Semmel würfeln und in der Butter anrösten. Aus der Teigmasse 6–8 Klöße formen, jeweils drei Semmelröstel in die Mitte geben. Die Klöße in kochendem Salzwasser 10–15 Minuten köcheln lassen, dann noch 10 Minuten ohne Energiezufuhr ziehen lassen. Wenn die Klöße an der Oberfläche schwimmen und ihre Größe sich etwa verdoppelt hat, sind sie gut.

Stärkeklöße und süßsaurer Hase ist ein beliebtes Wochentagsgericht.

Diese Klöße sind kein Urthüringer Gericht, sondern erst mit den vielen Zuwanderern aus dem Böhmischen hier heimisch geworden. Da sie aber so gut zur Thüringer Küche passen, haben es die Hausfrauen auch im Semmelkloßkochen mittlerweile zur Meisterschaft gebracht. Die unbestreitbar besten bereitet meine Freundin Elfriede zu.

In manchen Orten verwendet man gern geröstete Semmelwürfel für diese Klöße, aber dann wird der Teig dunkel und verliert seine schöne Farbe. Ich würde es nicht empfehlen.

Semmel- oder Serviettenklöße »Elfriede«

4 Semmeln (200 g) · 2 Eier · 200 g griffiges Mehl
1 TL Salz · 200 ml Milch · 50 g Margarine oder Butter
1 TL Backpulver

Die altbackenen Semmeln zuerst in Scheiben, dann in kleine Würfel schneiden und in eine Schüssel geben. Eier und die Hälfte des Mehls zugeben und alles mit einem Löffel gut vermischen, salzen. Die Milch leicht erwärmen und dabei die Margarine oder Butter darin schmelzen lassen. Die nur lauwarme Milch zum Semmelteig geben, unterrühren und 10 Minuten ruhen lassen. In dieser Zeit nehmen die Semmelwürfel die Feuchtigkeit auf. Anschließend das mit dem Backpulver gesiebte restliche Mehl unterkneten. Zwei längliche Klöße formen. In einem großen Topf Salzwasser zum kochen bringen. Jeden Kloß einzeln auf ein bemehltes Wischtuch legen, die Zipfel oben zusammenknoten und den Serviettenkloß mit dem Tuch über einen Quirlstiel in kochendes Salzwasser hängen. Die Klöße 20–25 Minuten kochen und 10 Minuten ziehen lassen. In Scheiben geschnitten auf einer Platte anrichten.

Wickelklöße

(10–15 Stück)

750 g geschälte, gekochte Kartoffeln · 150 g Mehl
50 g Kartoffelmehl · ½ TL Salz · 1 Ei
1 TL Butter · 50 g Semmelmehl

Die lauwarmen Kartoffeln durch die Kartoffelquetsche pressen und mit Mehl, Speisestärke, Salz und Ei verkneten. Den Teig dünn ausrollen und mit den in Butter leicht angebräunten Semmelbröseln bestreuen. Den Teig in Streifen von 30 x 15 Zentimeter schneiden und von der breiten Seite her aufrollen. 6–7 cm lange Röllchen abschneiden. Deren Enden zudrücken. In leise siedendem Salzwasser 5 Minuten köcheln lassen. Dann noch 10–15 Minuten ohne Energiezufuhr ziehen lassen. Die Wickelklöße mit kaltem Wasser abschrecken, herausheben und sofort servieren.

Wickelklöße sind ein »Donnerstagsgericht« und werden traditionell zu Petersiliensoße mit Schweinerippchen oder zu Majoransoße mit Blutwurst serviert.

Gebackene Klöße

(ca. 10–12 Scheiben)
500 g gekochte Pellkartoffeln · 1 gestrichener TL Salz
Muskat · 100 g Mehl · 30 g Margarine

Die Kartoffeln pellen und durch die Kartoffelquetsche pressen. Mit Salz und einem Hauch Muskat würzen. Das Mehl zufügen und zu einem Teig verkneten. Eine längliche Rolle von ca. 8 cm Durchmesser formen und davon 10 bis 12 Scheiben abschneiden. Die Klöße in der erhitzten Margarine ca. 10–15 Minuten auf beiden Seiten knusprig braun braten.

Diese knusprig braunen Kloßscheiben werden mit Eiern in weißsaurer Soße oder mit Blutwurst gegessen. Sie sind ein Wochentagsessen, gehören in Thüringen nicht auf den Sonntagstisch.

Halbseidene Klöße

(ca. 6–8 Stück)
750 g Kartoffeln · 200 g Kartoffelmehl
1½ TL Salz · 1 Spur Muskat · 2 Semmeln oder Weißbrotscheiben
1 TL Butter

Kartoffeln schälen und in Würfel schneiden. Nur so viel Wasser auffüllen, daß die Kartoffeln im Topf gerade davon bedeckt sind. Kochen, bis die Kartoffeln ganz weich sind; dann zu Brei stampfen. Kartoffelmehl, Salz und Muskat in einer Schüssel vermischen und den kochendheißen Kartoffelbrei darüber schütten. Mit dem Kloßstampfer rühren und stampfen, bis sich der Teig von der Schüssel löst. Dann mit der Hand weiter durcharbeiten; dabei die Hand immer wieder in kaltes Wasser tauchen. So bekommt der Teig seinen seidigen Glanz. (Ist der Teig zu weich geraten, noch etwas Kartoffelmehl zugeben.)

Die Semmeln oder Weißbrotscheiben in Würfel schneiden und in der Butter knusprig braun rösten. Etwa 6–8 apfelgroße Klöße formen. In jeden Kloß 3–4 Semmelröstel geben. In reichlich Salzwasser aufkochen und 10 Minuten ziehen lassen.

Halbseidene Klöße werden gern zu den »derberen« Braten gegessen – also zu Hammel und Schweinsknochen ... Diese Klöße sind von allen Kloßarten besonders leicht und gut verdaulich.

Seidenklöße

(ca. 8–10 Stück)
1 kg gekochte Pellkartoffeln · 200 g Kartoffelmehl
1 TL Salz · ¼ l Milch · 1 TL Butter · 1–2 Semmeln

Die warmen Kartoffeln pellen, durch die Kartoffelquetsche pressen, mit Kartoffelmehl und Salz vermischen. Diese Kartoffelmasse mit der kochendheißen Milch überbrühen und mit dem Kloßstampfer zu einem Teig formen. Den Kloßteig dann mit der Hand weiter kneten, dabei die Hand immer wieder in kaltes Wasser tauchen. In der Butter die in Würfel geschnittene Semmel rösten. 8–10 Klöße formen, in die Mitte die gerösteten Semmelwürfel geben und in kochendes Salzwasser geben. 20 Minuten bei offenem Topf und geringer Hitzezufuhr leise köcheln lassen.

Seidenklöße werden heute anstatt der früher üblichen, klebrigen Mehlklöße gegessen. Sie sind leichter, lockerer und wohlschmeckender. Sie sind zwar mit den Stärkeklößen »verwandt«, aber doch eine ganz eigenständige Zubereitungsart.

Wer die altmodischen Mehlklöße liebt, sollte das Rezept »Wickelklöße« für die Teigzubereitung verwenden.

Hefeklöße

(ca. 8 Stück)

500 g Mehl · 40 g Hefe · 200 ml Milch

3 EL zerlassene Margarine

2 EL Zucker · 2 Eier · ¼ TL Salz

Das Mehl in eine Schüssel geben und eine Vertiefung eindrücken. Die Hefe in der lauwarmen Milch verquirlen. In die Mitte gießen und zunächst mit einem Teil des Mehls verrühren, dann alle übrigen Zutaten (Margarine, Zucker, Eier, Salz) hinzufügen und den Teig tüchtig schlagen. Mit bemehlten Händen Klöße – so groß wie kleine Äpfel – formen. Die Klöße auf ein bemehltes Brett legen und an warmem Ort ca. 1 Stunde aufgehen lassen.

In einem großen Topf reichlich Salzwasser zum Kochen bringen. Die Klöße einlegen und 5 Minuten kochen lassen, dann wenden und nochmals 5 Minuten kochen lassen. Die Klöße werden dabei doppelt so groß wie vorher. Mit einer Lochkelle die garen Klöße herausnehmen, sofort auf einen Teller legen und mit einer Gabel aufreißen (dann fallen sie nicht zusammen).

Hefeklöße dürfen nicht in eine Schüssel kommen. Sie werden aus dem Wasser genommen und sofort auf den jeweiligen Teller gelegt und gegessen. Längeres Stehen vertragen sie – im Unterschied zu anderen Klößen – überhaupt nicht.

Der Osterschmaus

Ostern begann früher am Gründonnerstag. Eine große Schüssel Rapunzelsalat gehörte unbedingt auf den Tisch. Ein traditionelles Karfreitagsessen sind die »Gebackenen Klöße mit weißsaurer Brüh«. Auch Spinat mit Eiern ist ein Gericht für diesen Tag. An den Osterfeiertagen selbst wurde gern Zickelbraten gegessen. Hasenbraten ist ebenfalls sehr beliebt. Und ohne die Hochzeitssuppe kann kein größeres Familienfest stattfinden …

Klare Hochzeitssuppe

1 Suppenhuhn · 1 TL Salz
Wurzelwerk aus: 20 g Sellerie · 20 g Möhre · 50 g Zwiebel
Für den Eierstich:
1 Ei · 2 EL Milch · 1 Prise Salz · 1 Prise Muskat
2 TL Margarine zum Einfetten des Töpfchens
Für die Gemüseeinlage:
100 g Feinfrost-Erbsen · 1 Messerspitze Butter
100 g zarte Möhren · 150 g Spargel
½ TL Kerbel · frische gehackte Petersilie

Das gut gewaschene Suppenhuhn samt den Innereien in einen ausreichend großen Topf geben und soviel kaltes Wasser zugießen, daß es vollständig bedeckt ist. Zum Kochen bringen und aufgedeckt leise köcheln lassen; dabei ständig die Brühe abschäumen. Nach einer Stunde Garzeit das Salz und das geputzte Wurzelwerk zugeben und weitere 2 Stunden bei gelinder Hitze leise kochen lassen. Den Topf niemals zudecken, dann wird die Brühe trüb. Kein Wasser zugießen, das verdirbt den Geschmack. Das gare Suppenhuhn aus der Brühe heben. Die Brühe vorsichtig durch ein Sieb gießen und vollständig erkalten lassen. Dann das erstarrte Fett abheben. Vom ebenfalls erkalteten Suppenhuhn Herz, Magen und etwas feines weißes Brustfleisch in feine Streifen schneiden und für die Suppe bereitstellen.

Für den Eierstich Ei, Milch, Salz und Muskat gut verquirlen. Die Masse durch ein Sieb in ein gut eingefettetes, kleines Töpfchen gießen. Das Töpfchen zugedeckt in einen breiten Topf mit so viel heißem Wasser stellen, daß das Töpfchen zu zwei Dritteln im Wasser steht. Das Wasserbad bei gelinder Hitze 20–30 Minuten sehr heiß halten, aber nicht sprudelnd kochen lassen. Den Eierstich vollständig abkühlen lassen, vorsichtig aus dem Töpfchen stürzen (eventuell vorher mit einem Messer an den Rändern entlang fahren) und in feine Streifen schneiden. Bereitstellen.

Die Möhren putzen und in wenig Wasser in 15–20 Minuten weichdünsten. Dann in Würfel schneiden. Die Feinfrost-Erbsen in 1 Messerspitze Butter 5 Minuten weichdünsten. Den Spargel schälen, ca. 5 cm lange Stücke schneiden und in wenig Wasser mit etwas Butter ebenfalls weichdünsten. Die Brühe erhitzen und der Kerbel hinzufügen. Abschmecken. Sie soll mild-würzig sein, darf niemals salzig schmecken.

Die vorgewärmten Suppenteller zurechtstellen. Auf jeden Teller 1 TL Möhrenwürfel, 1 TL Erbsen, 1 TL Eierstich, 2–3 Spargelstücke, 2–3 Streifen Hühner-

magen, Herz und Hühnerfleisch geben. Eine große Schöpfkelle kochendheiße Brühe auf jeden Teller gießen und gehackte Petersilie darüberstreuen.

Diese feine Suppe gibt es von alters her zu jeder Konfirmation oder Jugendweihe, Taufe oder Hochzeit sowie an Fest- und Feiertagen als Vorspeise. Jeder kennt sie; doch nicht alle wissen, wie sie zubereitet wird. Wer Hühnerbrühe nicht mag, kann auch kräftiges Rindfleisch und Knochen zur guten Brühe nehmen.

Gespickter »Osterhase«

1 Stallhase – das ist 1 Kaninchen
100 g Speck · 25 g Butter · 50 g Margarine · 2 EL Senf
20–25 g Salz · Pfeffer · 50 g Zwiebel
1 TL gerebelter Thymian · 100 g saure Sahne
100 g Schmand · 50 g Möhre · 1–2 TL Speisestärke

Das gut gewaschene und gesäuberte Kaninchen (ein frisch geschlachtetes sollte über Nacht abhängen!) in 7 Stücke teilen: 2 Vorderläufe, 2 Keulen, 3 Rückenstücke. 30 g Speck in feine Streifen schneiden und kalt stellen. Die Rückenstücke und die Keulen damit spicken. In einer großen Pfanne Margarine und Butter zerlassen, den restlichen, in Scheiben geschnittenen Speck zugeben und mit erhitzen. Die Hasenstücke mit der gespickten Seite nach oben in die Pfanne legen, dabei die obere, gespickte Seite dünn mit Senf einstreichen und mit Salz, Pfeffer und Thymian bestreuen. Die geschälte ganze Zwiebel zugeben. Anbraten lassen. Dann wenden und auf der gewürzten Speckseite weiter braten. Dabei öfter etwas heißes Wasser angießen, um den Bratsatz abzulöschen und die Flüssigkeit wieder »einbrutzeln« zu lassen. Ist die Soße schön braun, etwas mehr Wasser angießen und rings von den Pfannenwänden den Bratsatz in die Pfanne schaben. Kurz aufkochen lassen. Die Soße für kurze Zeit aus der Pfanne nehmen und in ein Töpfchen abgießen. Das oben schwimmende Bratfett abschöpfen und zurück in die Pfanne zu den Fleischstücken geben. Saure Sahne und Schmand verquirlen und über die Hasenstücke gießen. Rühren, bis die Sahne schön bräunlich ist. Dann die abgegossene Soße zurück zum Fleisch geben und soviel Wasser auffüllen, daß das Fleisch halb bedeckt ist. Die Hasenstücke so drehen, daß sich die gespickte Seite oben befindet. Die Pfanne zugedeckt in die vorgeheizte Herdröhre schieben und bei 250 Grad eine gute halbe Stunde braten. Dann Wasser zugießen und das Fleisch mit dem Bratsud beschöpfen. Die geputzte Möhre im Ganzen zugeben. Den Hasen zugedeckt bei jetzt 200 Grad in etwa 40 Minuten gar schmoren. Das Fleisch auf eine vorgewärmte Platte legen und warm stellen. Für die Soße soviel Wasser nachfüllen, daß etwa $1/2$ Liter Flüssigkeit in der Pfanne ist. Kurz aufkochen lassen, dabei den neu entstandenen Bratsatz von den Pfannenrändern in die Soße kratzen. Die Möhre entfernen, die Soße samt allen Gewürzen durch ein Sieb drücken. In wenig kaltem Wasser die Speisestärke anrühren und die Soße damit binden. Mit Salz abschmecken. – Dazu gehören Thüringer Klöße.

Die feine Sahnesoße macht dieses Kaninchengericht zum Festessen.

Zickelbraten

$1/4$ Zickel (ca. 2–$2^{1}/_{2}$ kg)
1 gehäufter TL Salz · Pfeffer · 125 g Semmelmehl
125 g Butter · 50 g Speck · 1 Zwiebel (ca. 50 g)
Salz · Pfeffer · 1–2 TL Essig · $1/4$ TL Zucker

Das magere Zickel in Portionsstücke teilen, waschen, aber nicht abtrocknen. Mit Salz und Pfeffer einreiben und in Semmelmehl wenden. In 50 g zerlassener Butter den in Scheiben geschnittenen Speck erhitzen und die Fleischstücke ringsum schön braun anbraten. Die geschälte, halbierte Zwiebel zugeben und 1/4 l heißes Wasser zugießen. Auf das Fleisch 2 EL vom übriggebliebenen Semmelmehl streuen. Die restliche Butter zerlassen, etwas davon über den Braten geben und die Pfanne zugedeckt in die vorgeheizte Herdröhre stellen. Bei 200 Grad 45 Minuten garen lassen. Eventuell ein wenig heißes Wasser nachgießen. Die Pfanne aus dem Herd nehmen. Die Fleischstücke auf die Auffangpfanne legen, nochmals mit Semmelmehl bestreuen und mit zerlassener Butter beschöpfen. Erneut in den Herd geben und bei 150–175 Grad knusprig braun braten. Dabei immer wieder mit Semmelmehl bestreuen und mit Butter beschöpfen, bis beides aufgebraucht ist.

Die Soße mit Salz, Pfeffer, Zucker und Essig herzhaft abschmecken. Durch das Semmelmehl ist sie bereits gebunden.

Dazu gehören Thüringer Klöße.

Ein althergebrachtes Zickelrezept, das immer noch weit verbreitet ist und seines Wohlgeschmacks wegen regelrecht wieder in Mode kommt. Früher gab es Zickel nur im Frühjahr. Um Ostern hatten sie das richtige Gewicht, und Zickel war ein berühmter Osterschmaus. Heute, im Zeitalter der Gefriertruhen, kann das Gericht zu jeder Jahreszeit zubereitet werden. Aber zu Ostern schmeckt es am besten.

Rapunzelsalat

250 g Rapunzeln · 1 TL Essig · 1 EL Öl
1 Prise Salz · 1 Prise Zucker

Die kleinblättrigen Rapunzeln putzen (eventuell noch vorhandene Wurzeln abschneiden, welke Blätter entfernen), sorgfältig waschen, trockenschleudern (geht auch mit zwei gleich großen Sieben, die man gut zusammenhält). In eine große Schüssel geben und mit Essig, Öl, Salz und Zucker leicht vermischen. Die zarten Rapunzeln vertragen keine Salatsoße.

Sofort servieren.

Rapunzeln sind herzhafter als grüner Salat. Zu Ostern sind die ersten zarten Blätter im Garten gerade groß genug, um ernten zu können.

Zitronenspeise

3 Eier · 150 g Zucker · 1/8 l Zitronensaft
1 Päckchen Gelatine (10 g, gemahlen, weiß)
3/8 l Wasser · 1/4 l Schlagsahne · Bitterschokolade

Die Eigelb mit 100 g nicht zu grobem Zucker cremig schlagen, nach und nach den Zitronensaft unterrühren. Die Gelatine einweichen, in dem heißen Wasser auflösen, wieder erkalten lassen und unter die Eigelbcreme rühren. Kurz vor dem Erstarren – wenn die Masse deutlich dicklich wird – ein Eiweiß mit den restlichen 50 g Zucker steifschlagen und vorsichtig unter die Creme heben. Die Creme ab und an leicht umrühren, damit sie gut gebunden bleibt und sich nichts absetzt. In Portionsgläser füllen. Mit Schlagsahnetupfen und geraspelter Bitterschokolade garnieren.

Die Speise schmeckt besonders fein, wenn die Schlagsahne mit Vanillezucker abgeschmeckt wurde. Die Zitronenspeise ist eine altbekannte, sehr erfrischende Leckerei. Heute liebt man in Thüringen auch üppige Eisbecher zum Nachtisch.

Schwein, Rind und Schöps

Thüringer sind Fleischesser. Stehen Braten und Klöße auf dem Tisch, vermißt niemand die Gemüseschüssel. Der große Sonntagsbraten wird in der Regel schon einen Tag vorher zubereitet. Er wird kalt aufgeschnitten und nur kurz vor dem Servieren in der Röhre »überbräunt«. Wichtiger als der Braten ist aber die gute Soße. Dafür scheut die Hausfrau keine Mühe. Mindestens eine Stunde lang wird das Fleischstück unter gelegentlichem Rühren und Zugießen angebraten, damit der erwünschte braune Bratfonds entsteht. Je edler das Fleisch, um so weniger würzt man – nur mit Salz, Pfeffer, reichlich Sahne, Schmand oder Joghurt.

Schweinekoteletts mit Soße und dickem Blumenkohl

Für die Koteletts:
4 Koteletts · Mehl · Salz · Pfeffer
1 Ei · Semmelmehl · 5 EL Öl

Für die braune Soße:
2 TL Margarine · 1 Zwiebel · ½ Knoblauchzehe
1 kleines Stück Sellerie · 1 Stück Möhre
1 kleines Lorbeerblatt · 2 TL Butter

Für den dicken Blumenkohl:
1 Blumenkohl · 1 TL Salz · ½ l Wasser
1 Eigelb · 1 gehäufter EL Mehl · 1 EL Schmand
⅛ l Blumenkohlkochwasser · ½ TL Zucker
1 TL Zitronensaft · Muskat · ½ TL Salz · 2 TL Butter

Die Koteletts von den Knochen befreien, klopfen, in Mehl wenden und mit Salz und Pfeffer bestreuen. Das Ei mit Wasser verschlagen und die Koteletts darin wenden. Anschließend mit Semmelmehl panieren und übereinandergelegt mindestens 1 Stunde ruhen lassen. Sie werden dann besonders knusprig.

Inzwischen die Kotelettknochen wenn möglich etwas zerkleinern, mit Salz und Pfeffer bestreuen und in der Margarine anbraten. Zwiebel und Knoblauch schälen und fein schneiden, Gemüse putzen, waschen und zerkleinern, zugeben und mit dünsten lassen. Öfter Wasser zugießen, den Bratfonds »einbraten« lassen und den Vorgang wiederholen. Zum Schluß das Lorbeerblatt und ¾ l Wasser hinzufügen. 1–2 Stunden kochen lassen. Wenn nötig, etwas Wasser nachfüllen. Es soll ca. ¼ l leicht gebräunte Fleischbrühe entstehen. Die Butter in einem Tiegel zerlassen. Vom Panieren übriggebliebenes Mehl und Semmelmehl darin anrösten, mit der Fleischbrühe ablöschen, einige Minuten kochen lassen, abschmecken und warm stellen.

Den gewaschenen, in nicht zu kleine Röschen geteilten *Blumenkohl* für eine Weile in Salzwasser legen, damit alles Ungeziefer entfernt werden kann. Wasser mit 1 TL Salz zum Kochen bringen, den abgetropften Blumenkohl hinzufügen und 10 Minuten sprudelnd kochen lassen. Das Blumenkohlkochwasser abgießen und beiseite stellen. Den Blumenkohl in eine vorgewärmte Schüssel geben.

Eigelb, Mehl und Schmand in einem Töpfchen verrühren, ⅛ l Blumenkohlkochwasser zugeben, verrühren und aufkochen lassen. Mit Zucker, Zitronensaft, einem Hauch Muskat und dem Salz kräftig abschmecken. Die Butter zerlassen und unter die Soße geben. Die Soße über den Blumenkohl gießen und warm stellen.

Die Koteletts als letztes in heißem Öl auf beiden Seiten in wenigen Minuten ganz knusprig braten. Dazu gehören Salzkartoffeln.

In Thüringen eine Selbstverständlichkeit: Sogar zu Kotelett, Schnitzel und Bratklops zaubert die Hausfrau eine Soße!

Schwalbennester auf Buttergemüse

1 Semmel · 500 g Gehacktes (halb Rind, halb Schwein)
50 g Zwiebel · 1 EL Mehl · 1 EL saure Sahne
1/2 TL getrocknetes Basilikum oder 1 Blatt frisches
Pfeffer und Salz nach Geschmack (bei ungewürztem Gehacktem)
2 Eier · 4 hartgekochte Eier
Für das Buttergemüse:
50 g Butter · 300 g geputzte Möhren
1 Kohlrabi (geschält 250 g) · 1 TL Salz
1 knapper TL Zucker · 250 g grüne Erbsen (frisch oder
aus der Tiefkühltruhe) · 1 TL Mehl · 1 Prise Salz
1 Spritzer Zitronensaft · frische Petersilie

Die Semmel in Wasser einweichen, dann ausdrücken und mit dem gehackten Fleisch vermengen. Die kleingehackte Zwiebel, Mehl, saure Sahne, Gewürze (Salz und Pfeffer nur, wenn erforderlich) und die Eier unterrühren und zu einem Teig verkneten. Eine kleine Kastenform mit Pergamentpapier auslegen und die Hälfte des Fleischteigs einfüllen. Die vier hartgekochten Eier (8 Minuten!) schälen und hintereinander auf die untere Fleischschicht legen. Das restliche Gehackte darüberstreichen und in der Herdröhre bei 200 Grad etwa 60 Minuten garen. Erkalten lassen. Vorsichtig aus der Form heben, vier dicke Scheiben abschneiden und in eine Bratpfanne legen. Das Fleisch in der Röhre wieder erwärmen. Inzwischen das *Buttergemüse* bereiten.

Dazu die Hälfte der Butter zerlassen. Die feingewürfelten Möhren und den in Stifte geschnittenen Kohlrabi mit einem EL heißen Wasser dazugeben. Mit Salz und Zucker würzen und zugedeckt bei gelinder Hitze 15 Minuten dünsten lassen. Die Erbsen zugeben und weitere 5 Minuten dünsten lassen. 1 TL Mehl darüberstreuen, unterheben und mit Salz sowie Zitronensaft abschmecken. 25 g leicht gebräunte Butter unterziehen. Mit frischer, gehackter Petersilie bestreuen und sofort servieren. – Dazu gehören Salzkartoffeln.

Kalte, in etwas dünnere Scheiben geschnittene Schwalbennester werden am zweiten Kirmesfeiertag bereits zum Frühstück gegessen.

Dickbein mit Sauerkraut

1500 g Dickbein (Schweinshaxe) · 1 mittlere Zwiebel
1 Knoblauchzehe · 1 kleines Lorbeerblatt · 3 Pimentkörner
5 Pfefferkörner · 1/2 TL Kümmel, 2 TL Salz · 3/4 l Wasser
Sauerkraut:
1 kg Sauerkraut · 1/2 l Wasser · 1/2 TL Kümmel
1 kleine Möhre · 1 Kartoffel · 1/4 l Fleischbrühe
1 TL Zucker · Salz

Das Dickbein in eine Bratpfanne legen, alle Gewürze und das Wasser hinzugeben, Deckel aufsetzen und in die vorgeheizte Bratröhre schieben. Bei 200 Grad ca. 2 Stunden lang garen. Zwischendurch Wasser nachgießen; es soll am Ende aber nicht mehr als etwa 1/4 l Fonds übrigbleiben. Ist das Fleisch weich, den Knochen entfernen und das Fleisch in dicke Scheiben schneiden. Dachziegelartig, immer mit der Schwarte nach oben wieder in die Pfanne geben und nochmals in die heiße

Röhre schieben. Bei 200 Grad weitere 15–20 Minuten »überbräunen« lassen. Dabei soll etwas vom Fett ausbraten. Dann das Fleisch auf einer vorgewärmten Platte anrichten.

Das *Sauerkraut* mit $^1/_2$ l Wasser, Kümmel und der in Scheiben geschnittenen Möhre in ca. $1^1/_2$ Stunden weichkochen. Das Kochwasser abgießen. Die rohe Kartoffel reiben und unter das trockene Kraut mischen. Soviel heiße Fleischbrühe auffüllen, daß das Kraut noch schön dicklich ist. 1 TL Zucker unterrühren, dann schmeckt das Kraut etwas milder. Nach Belieben mit Salz würzen.

Dazu werden Salzkartoffeln gereicht.

Dickbein heißt anderswo Schweinshaxe oder Eisbein. In Thüringen liebt man das Gericht vor allem im Herbst und im Winter. Das dazugehörige Sauerkraut wird anders zubereitet als jenes Sauerkraut, das man zu Bratwürsten ißt.

Schweineleber mit brauner Soße und Zwiebelringen

500 g Leber · 3 EL Mehl · 5 EL Öl · 50 g Zwiebel
Salz · Pfeffer · $^1/_4$ l Fleischbrühe oder Wasser
250 g Zwiebelringe · 20 g Butter · Edelsüßpaprika

Die in Scheiben geschnittene Leber in Mehl wenden und in das heiße Öl geben. Auf jeder Seite 2–3 Minuten braten. Die gehackten Zwiebelwürfel darübergeben, mitbraten. Die garen, knusprig braunen Leberstücke mit Salz und Pfeffer bestreuen, aus der Pfanne nehmen und warm stellen. Im Bratsatz das übriggebliebene Mehl goldbraun anrösten, mit Fleischbrühe oder Wasser ablöschen. Die Soße mit Salz und Pfeffer abschmecken., durchs Sieb gießen und warm stellen.

Die Zwiebelringe in heißer Butter goldgelb rösten. Vom Herd nehmen und mit wenig edelsüßem Paprika bestäuben. Die Zwiebelringe auf der Leber anrichten, Kartoffelpüree und Soße extra dazu reichen.

Ein in Thüringen heimisch gewordenes »altdeutsches« Essen.

Schweinslende in Sahnesoße mit Waldpilzen

1 Schweinslende (ca. 500–600 g)
1 knapper TL Salz · Pfeffer · 1 TL Senf · 20 g Margarine
20 g Butter · 20 g Speck · 20 g Zwiebel
1 EL Schmand · $^1/_2$ TL Mehl
Für die Waldpilze:
20 g Butter · 250 g Waldpilze · 20 g Zwiebel
Salz · Pfeffer

Die Lende mit Salz und Pfeffer einreiben sowie dünn mit Senf bestreichen. In dem heißen Margarine-Butter-Gemisch den in Scheiben geschnittenen Speck anrösten, die Lende zugeben und ringsum schön braun anbraten. Mit etwas Wasser ablöschen und die geschälte Zwiebel zugeben. Den Fonds wieder »einbraten« lassen, vom Pfannenrand und Pfannenboden lösen und mit Wasser ablöschen. Den Schmand zum Bratsatz geben, bräunen lassen. Erst wenn der Bratfonds kräftig braun ist, $^1/_4$ l Wasser zugießen und die Lende in offener Pfanne bei 175 Grad in der vorgeheizten Herdröhre ca. 45 Minuten fertig braten lassen. Dabei das Fleisch immer wieder mit der Flüssigkeit begießen und den Bratsatz von den Pfannenseiten lösen. Eventuell Wasser nachgießen. Die Lende herausnehmen, ruhen lassen, in Scheiben schneiden.

Die Scheiben dachziegelartig in der Pfanne anordnen,

Schweinslende in Sahnesoße mit Waldpilzen

mit etwas Bratfonds übergießen und nochmals kurz in die heiße Röhre stellen. Den Bratfonds durchs Sieb streichen, mit ½ TL in kaltem Wasser angerührtem Mehl binden und als Soße zum Fleisch servieren.

Inzwischen die Pilze zubereiten. Dafür Butter in einem breiten Topf erhitzen. Die geputzten, geschnittenen und gewaschenen Pilze mit der kleingeschnittenen Zwiebel in die heiße Butter geben und zugedeckt etwa 5 Minuten dünsten lassen. Den Deckel abnehmen und die Pilze aufgedeckt so lange braten, bis alle Flüssigkeit verkocht ist. Dann sind auch die Pilze gar. Sie sollen nur noch glänzen.

Die Pilze werden über den Lendenschnitten auf einer Platte angerichtet. Dazu gibt es Salzkartoffeln und einen grünen Salat.

Mit Klößen auch ein Festtagsgericht!

Schleizer Gulasch

500 g Rinderbraten · 500 g Schweinebraten
100 g Margarine · 50 g Speck · 500 g Zwiebeln
1 Knoblauchzehe · 100 g saure Sahne · ¼ TL Pfeffer
1 gehäufter TL Salz · 3 Tomaten · 2 EL Edelsüßpaprika

Das Fleisch waschen, trockentupfen und in walnußgroße Würfel schneiden. In der erhitzten Margarine den kleingeschnittenen Speck ausbraten, die Fleischwürfel hinzufügen und schön braun braten. Die Zwiebeln schälen und kleinschneiden, die Knoblauchzehe schälen und ebenfalls kleinschneiden. Beides zum Gulasch geben und unter ständigem Rühren mitbraten lassen. Wenn die Zwiebel goldgelb geworden ist, die saure Sahne unterrühren. Unter ständigem Rühren weiter braten. Salz, Pfeffer und die geschälten, geviertelten Tomaten (mit kochendem Wasser brühen, dann läßt sich die Haut der Tomaten mühelos abziehen!) zugeben. Alles schmoren lassen, bis die Flüssigkeit fast verdunstet ist. Erst dann ¼ l heißes Wasser auffüllen, den Paprika zufügen, gut umrühren und zugedeckt für 2 Stunden bei 150–175 Grad in die vorgeheizte Herdröhre stellen. Dann die Röhre abschalten und den Gulasch noch ½ Stunde im Herd ruhen lassen. Eventuell noch etwas heißes Wasser zufügen, wenn der Bratsatz zu sehr eingeschmort ist. Diese Soße ist bereits durch die Zwiebel sämig geworden und braucht keine spezielle Bindung.

Dazu gibt es Makkaroni oder Salzkartoffeln und grünen Salat.

In unserer Gegend ist der Gulasch sehr in Mode gekommen. Er wird auf die unterschiedlichste Art zubereitet. Dieses Rezept wurde oft erprobt und ergibt ein sehr schmackhaftes Gericht.

»Saures« oder Topfbraten

2 Schweinsnieren, ½ l Essigwasser
250 g Schweinebacke (Kopffleisch vom Schwein)
150 g Herz · 1 mittelgroße Zwiebel · ½ Lorbeerblatt
5 Pfefferkörner · 4 Wacholderbeeren, 2 Pimentkörner
1 Nelke · 1½ TL Salz · 1½ EL Essig · 1 TL Zucker
2 EL gemahlener Thüringer Soßenkuchen
1 EL in trockenem Tiegel leicht gebräuntes Mehl
Salz · Essig und Zucker zum Abschmecken
30 g Butter · frisch gemahlener Pfeffer

Die Nieren waschen und 10 Minuten in leichtem Essigwasser kochen. Abkühlen lassen, halbieren und die Harngänge entfernen. Dann die Nieren mit dem gewaschenen Herz und dem vorbereiteten Kopffleisch in kochendes Wasser geben, die geschälte Zwiebel und die Gewürze einschließlich Essig und Zucker zufügen und in 1½ Stunden weichkochen lassen. Die Brühe durch ein Sieb in einen kleinen Topf abgießen, das gare Fleisch abtropfen lassen und dann in Würfel schneiden.

Die Brühe mit dem in wenig lauwarmem Wasser angerührten Soßenkuchen und dem ebenfalls in Wasser angerührten braunen Mehl binden, aufkochen lassen und mit Essig, Zucker und Salz pikant abschmecken. Die Fleischwürfel zufügen und nochmals durchkochen lassen. Zuletzt die gebräunte Butter und den frisch gemahlenen Pfeffer zufügen.

Dazu Kartoffeln oder Stärkeklöße und einen Rapunzelsalat auftragen.

»Saures«, in anderen Thüringer Regionen auch als »Topfbraten« bekannt, ist ein ganz altes Gericht. So ähnlich werden auch die Kutteln oder Flecke zubereitet, die heute aber nur noch wenige mögen. Der Soßenkuchen gehört in Thüringen unbedingt dazu. Ist keiner vorrätig, kann man sich auch mit übriggebliebenem Pfefferkuchen helfen.

Thüringer Mutzbraten

600 g ausgelöster Schweinekamm
1 TL Salz · Pfeffer · 2 TL Majoran, ½ TL Thymian
3–4 TL Senf · 1 EL Öl · ½ Flasche Schwarzbier
½ Knoblauchzehe · 1 kleine Zwiebel · 20 g Margarine

Den Schweinekamm längs und quer teilen, so daß vier große Würfel entstehen. Das Fleisch mit Salz, Pfeffer, Majoran und Thymian einreiben, mit Senf bestreichen und mit dem Öl beträufeln. Die Fleischwürfel dicht an dicht in eine tiefe Schüssel legen und mit Bier begießen, bis sie vollständig bedeckt sind. Knoblauch und Zwiebel schälen und dazugeben. Mindestens 12 Stunden marinieren lassen, dabei mehrmals wenden.

Die Fleischwürfel trockentupfen, mit Öl bepinseln und auf den Bratrost des auf 175 Grad vorgeheizten Herdes legen. In die Fettauffangpfanne 20 g Margarine geben und sie unter den Rost schieben. Der Braten insgesamt 1½ Stunden braten lassen, je 45 Minuten auf jeder Seite. Den in der Fettpfanne aufgefangenen Bratensaft mit der Hälfte der Schwarzbiermarinade ablöschen; dann immer wieder heißes Wasser nachfüllen, damit der Bratfonds nicht einbrennt.

Die garen Fleischstücke auf einer Platte anrichten und mit dem Bratsatz übergießen. Dazu werden Sauerkraut und kräftiges Brot gereicht.

Mutzbraten läßt sich im Sommer auch sehr gut über einem Holzkohlefeuer grillen. Dann werden die marinierten Fleischstücke auf Spieße gesteckt. Besonders gern zubereitet wird er aus frisch geschlachtetem Fleisch. Dieses Gericht ist in den letzten Jahren wieder sehr in Mode gekommen.

Schinkenspeck in Sahnesoße und Thüringer Klöße

700 g Schinkenspeck (⅓ fett, ⅔ mager
etwa 6 dicke Scheiben) · 20 g Margarine · 250 g saure Sahne
50 g Zwiebel · 2 TL geriebenen Soßenkuchen
50 g Möhre · 50 g Kohlrabi · ½ Lorbeerblatt · 3 Pfefferkörner
2 Wacholderbeeren · 1 Pimentkorn · 1 Nelke
2 TL Speisestärke · 1 TL Zucker

Den Schinken in vier dicke Scheiben schneiden. In eine Bratpfanne geben und auf kleinem Feuer in der Margarine auf beiden Seiten einige Minuten ausbraten lassen, bis ein dunkler Bratsatz entstanden ist. Die Hälfte der Sahne zugeben und in dem Bratsatz schmoren, bis der Fonds Farbe angenommen hat. Die geviertelte Zwiebel zugeben und bräunen lassen. Dann den Rest Sahne zufügen und noch etwas schmoren lassen. Den geriebenen Soßenkuchen in etwas Wasser verrühren und zugeben. Das geputzte und gewürfelte Gemüse und die Gewürze hinzufügen und mit so viel Wasser auffüllen, daß die Schinkenscheiben gerade so bedeckt sind. Alles auf kleiner Flamme in ca. 30 Minuten weichdünsten.

Die Schinkenscheiben herausnehmen und warm stellen. Die Soße durch ein Haarsieb streichen und mit Speisestärke binden. In einem kleinen Töpfchen den Zucker langsam bei gelinder Hitze bräunen, mit einem EL Wasser ablöschen und an die Soße geben. Das verleiht ihr zusätzlich Farbe und rundet den Geschmack ab.

Dazu gibt es Thüringer Klöße und frischen Salat.

Ein Gericht aus der Zeit der Groß- und Urgroßmütter, als Frischfleisch selten war. Wegen seines Wohlgeschmacks, besonders dem der würzigen Sahnesoße, wird es auch heute noch gern zubereitet.

Wasser mit Gewürzen in einer Bratpfanne zum Kochen bringen und die Fleischknochen hinzufügen. In ca. 90 Minuten weichschmoren. Dabei immer wieder etwas Wasser nachgießen. Sind die Rückbeinchen weich, soll nicht mehr als ½ l Flüssigkeit in der Pfanne sein. Die Brühe abgießen, und die Rückbeinchen in der Röhre bei starker Hitze kurz überbräunen lassen. Nicht zu lange darin lassen, sonst trocknen sie aus.

Für die Soße 20 g Butter erhitzen, das Mehl darin anschwitzen und mit der Fleischbrühe auffüllen. Durchkochen lassen und vom Herd nehmen. In der Milch die Eier gut verrühren und nach und nach die warme Soße zufügen. Nicht mehr kochen lassen! Sitzen Kinder mit am Tisch, für sie etwas von der milden Soße beiseite stellen. In den Rest nach Geschmack möglichst frisch geriebenen Meerrettich geben.

Dazu schmecken Halbseidene Klöße.

Am saftigsten sind die Fleischstücke, wenn Hausgeschlachtetes verarbeitet wird. Die meisten Fleischer schälen das Rückgrat zu sehr aus. Man kann das Gericht auch mit Rippchen (möglichst keine Schälrippchen!) zubereiten. Es sollte viel Fleisch am Knochen sein.

Rückbeinchen in Meerrettichsoße

½ l Wasser · 20 g Salz · 1 TL Kümmel
1 Prise Pfeffer · 1 kleines Lorbeerblatt · 2 Nelken
2 Wacholderbeeren · 1 kleine Zwiebel
ca. 2 kg Rückbeinchen (8 große Fleischknochen vom Rückgrat) oder 1½ kg Rippchen
Für die Meerrettichsoße:
20 g Butter · 1 TL Mehl · ½ l Fleischbrühe · ¼ Tasse Milch
2 Eier · frischer geriebener Meerrettich nach Geschmack

Rückbeinchen in Zwiebelsoße

½ l Wasser · 20 g Salz · 1 TL Kümmel · 1 Prise Pfeffer
1 kleines Lorbeerblatt · 2 Nelken · 2 Wacholderbeeren
1 kleine Zwiebel · ca. 2 kg Rückbeinchen (8 große Fleischknochen vom Rückgrat) oder 1½ kg Rippchen
Für die Zwiebelsoße:
1 TL Butter · 300 g Zwiebeln · ½ TL Zucker
1 l Brühe (von den Rückbeinchen)
1 geh. TL Mehl · 1–2 EL Essig · 1 Prise Pfeffer · Zucker

Schwein, Rind und Schöps

Wasser mit Gewürzen in einer Bratpfanne zum Kochen bringen und die Fleischknochen hinzufügen. In ca. 1½ Stunden weichschmoren. Dabei immer wieder Wasser nachgießen, etwas mehr als in vorgehendem Rezept. Sind die Rückbeinchen weich, soll etwa 1 l Flüssigkeit in der Pfanne sein. Die Brühe abgießen und die Rückbeinchen in der Röhre wie gehabt bei mittlerer Hitze kurz überbräunen lassen. Nicht zu lange darin lassen, sonst trocknen sie aus.

In der heißen Butter die gewürfelten Zwiebeln anschwitzen, mit Zucker bestreuen und unter ständigem Rühren hellbraun rösten. Etwas Fleischbrühe zugießen und weiter rühren. Das Mehl darüberstäuben, unterrühren und weiter rösten, bis es schön braun ist. Dann mit der restlichen Brühe auffüllen und ca. 15 Minuten köcheln lassen, bis die Zwiebeln weich sind. Den Soßenfonds durch ein Sieb streichen, mit Essig, Pfeffer und Zucker mild abschmecken. Die fertige Soße soll nicht mehr als ½ l Flüssigkeit umfassen.

Dazu werden Halbseidene Klöße serviert.

Eine leicht süß-säuerliche Soße, die gut zu allen Schweinsknochen und zu Klößen paßt.

Schweineschnitzel mit Thüringer Buttersoße

4 Scheiben Schnitzelfleisch · 3 EL Mehl · Salz
1 Ei · 1 EL Öl oder Milch · 3 EL Semmelmehl
ca. 100 g Butterschmalz · ½ l Fleischbrühe
Salz · Zitronensaft · Suppenwürze

Die gewaschenen, abgetrockneten Schnitzel möglichst dünn klopfen, in Mehl wenden, salzen, durch das mit Öl oder Milch verschlagene Ei ziehen und in Semmelmehl wenden. Die Panade fest andrücken und die Schnitzel eine Weile ruhen lassen. In einer Pfanne reichlich Butterschmalz erhitzen und die Schnitzel in wenigen Minuten auf beiden Seiten goldbraun braten. Nicht zu dunkel werden lassen. Auf eine Platte legen und warm stellen. In der Bratbutter das restliche Mehl und Semmelmehl schön braun rösten, mit ¼ l Fleischbrühe oder Wasser ablöschen und durchkochen lassen. Durch ein Sieb füllen und die Buttersoße mit Salz, Zitronensaft und Suppenwürze abschmecken.

Dazu passen Buttergemüse oder Spargel und Salzkartoffeln.

Der Thüringer braucht möglichst zu jedem Gericht eine Soße, auch zu den Schnitzeln. Übrigens: Kalbsschnitzel werden ebenso zubereitet.

Bratklops in brauner Soße mit Gurken-Bohnen-Salat

1 Semmel · 500 g Gehacktes (halb Rind, halb Schwein)
1 Ei · 1 kleine Zwiebel
evtl. Salz und Pfeffer (bei ungewürztem Hackfleisch)
½ TL Kümmel · 2 EL Semmelmehl · 20 g Margarine
Für die braune Soße:
1 kleine Zwiebel · 2 EL Semmelmehl · ¼ l Wasser
½ TL Brühpulver · Salz · Pfeffer
Gurken-Bohnen-Salat:
300 g grüne Bohnen · 1 l Salzwasser
Salz · Pfeffer · Zucker · 1 EL Essig · 2 EL Öl
1 kleine geraspelte Zwiebel · 1 grüne Gurke
2 TL Schmand · 2 TL kleingehackter frischer Dill

Die Semmel in wenig kaltem Wasser einweichen. Das Gehackte mit der aufgeweichten, ausgedrückten Semmel, dem Ei, einer kleingehackten Zwiebel und den Gewürzen vermengen. Vier Klöße formen, etwas breit drücken, in Semmelmehl wenden und in heißer Margarine in einer breiten Pfanne ca. 15–20 Minuten bei gelinder Hitze auf beiden Seiten braun braten. Die Klopse aus der Pfanne nehmen. In dem Bratenfett die zweite kleingehackte Zwiebel rösten. Etwa 2 EL Semmelmehl hinzugeben und beides goldbraun rösten. ¼ l Wasser und das Brühpulver zugeben, aufkochen lassen und durch ein Sieb streichen. Mit Salz und frisch gemahlenem Pfeffer abschmecken.

Die geputzten *Bohnen* in Stücke schneiden und in Salzwasser garkochen. Das Kochwasser abgießen, die Bohnen abkühlen lassen, mit Salz, Pfeffer, Zucker, Essig, Öl und kleingehackter Zwiebel vermischen. Inzwischen die geschälte Gurke in feine Scheiben hobeln und mit den erkalteten Bohnen vermengen. Zuletzt den Schmand zufügen und nochmals abschmecken. Mit gehacktem Dill bestreuen.

Dazu gibt es Salzkartoffeln.

An den Thüringer Bratklops gehört unbedingt Kümmel. Das ergibt ein schmackhaftes, schnell bereitetes Gericht; beliebt an allen Wochentagen.

Schweinsknochen, Blutwurst, Majoransoße und Wickelklöße

| 750 g Schweinsknochen · 1 l Wasser, ½ Lorbeerblatt |
| 5 Pfefferkörner · 1 Zwiebel · ½ Knoblauchzehe · 1 TL Salz |
| Zur Majoransoße: |
| 1 TL Butter · 1 gehäufter TL Mehl · 1–2 Eier |
| ¼ Tasse Wasser · 1–2 EL Majoran |
| ca. 400 g harte Blutwurst |

Die gewaschenen Schweinsknochen in kaltem Wasser mit allen Gewürzen zum Kochen ansetzen. In zwei Stunden eine kräftige Fleischbrühe kochen, die nicht mehr als ½ Liter Flüssigkeit betragen soll. Durch ein Sieb gießen und abkühlen lassen.

Für die Soße die Butter erhitzen und darin das Mehl goldgelb anschwitzen lassen. Mit der kalten Brühe auffüllen, gut durchrühren und aufkochen lassen. Vom Herd nehmen. Die Eier in einem hohen Topf mit dem Wasser verquirlen. Die heiße Soße nach und nach zugeben und kräftig unterrühren. Den Majoran hinzufügen. Die Blutwurst in Portionsstücke teilen und in die heiße Soße geben. (Die Soße darf nicht wieder erhitzt werden, wenn die Eier zugegeben sind!) Dazu gehören Wickelklöße.

Ein uraltes Rezept! So wurden die hart gewordenen Reste vom Hausschlachten in ein vollwertiges Mittagessen verwandelt. Ein vergleichbares Rezept ist Leberwurst mit Kartoffelbrei.

Geschmorte Rostbrätel in Kräutersahnesoße mit Waldpilzen

| 4 Scheiben Schweinekamm ohne Knochen (ca. 500 g) |
| 30 g Margarine · 1 TL Salz · Pfeffer · 2 TL Senf |
| ½ Zwiebel · ½ Knoblauchzehe · 2 EL Schmand |
| ¼ l Wasser · 3 EL Weißwein |
| 1 TL Thymian · ½ TL Rosmarin · ½ TL Basilikum |
| Für die Waldpilze: |
| 20 g Butter · 250 g Waldpilze · 20 g Zwiebel · Salz · Pfeffer |

Die Kammscheiben waschen und klopfen. Margarine in einer Bratpfanne mit Deckel erhitzen, und die Fleischscheiben auf einer Seite anbraten. Die oben liegende Seite salzen, pfeffern, mit Senf bestreichen und wenden. Wenn auch die zweite Seite knusprig braun gebraten ist, Zwiebelwürfel und Knoblauchzehe zufügen und bei geringer Hitzezufuhr goldgelb braten. Den

Rostbrätel – ein »Markenzeichen« Thüringens

Schmand zugeben und mitschmoren lassen. ¼ l heißes Wasser und den Weißwein zugießen. Die Gewürze zugeben. Den Deckel auflegen und das Fleisch im vorgeheizten Herd (175 Grad) ca. 30 Minuten weichschmoren.

Die Butter in einem breiten Topf erhitzen. Die geputzten, geschnittenen und gewaschenen Pilze mit der kleingeschnittenen Zwiebel in die heiße Butter geben und zugedeckt etwa 5 Minuten dünsten lassen. Den Deckel abnehmen und die Pilze aufgedeckt so lange braten, bis alle Flüssigkeit verkocht ist. Dann sind auch die Pilze gar. Sie sollen nur noch glänzen. Würzen. Die Pilze über den geschmorten Rostbrätchen verteilen und alles zusammen bei offener Pfanne in der heißen Röhre kurz überbräunen lassen.

Dazu gehören Kartoffelstampf – auch Kartoffelpüree genannt – und frischer grüner Salat.

Die Kräutersahnesoße wird einzigartig – ihr »Geheimnis« ist die halbe Knoblauchzehe. Zu diesem Gericht schmecken Semmelklöße.

Sind im Winterhalbjahr keine frischen Waldpilze zu haben, kann man das Gericht auch mit Champignons – frisch oder aus der Konserve – zubereiten.

Schweinekamm mit Klößen

750 g Kammfleisch ohne Knochen
20 g Salz · ½–1 TL Pfeffer · 50 g Margarine
3 Stengel Beifuß · 150 g Zwiebeln · 1 kleine Möhre (ca. 30 g)
2 TL Speisestärke

Das Kammstück kurz waschen und gut abtrocknen, leicht klopfen, mit Salz und Pfeffer einreiben und in heißer Margarine ringsum schön braun anbraten. Etwas Wasser zugießen, dann den Beifuß und die geviertelten Zwiebeln zugeben. Die Flüssigkeit immer wieder »einbraten« lassen und danach wenig heißes Wasser zufügen. Ist der Bratfonds richtig braun, was bei Schweinebraten nicht so schnell geht, so viel Wasser zugießen, daß das Fleisch zur Hälfte von Flüssigkeit bedeckt ist. Die Möhre zugeben, den Pfannendeckel auflegen und den Braten zugedeckt in der vorgeheizten Herdröhre bei 220 Grad ca. 60 Minuten braten lassen. Zwischendurch mehrmals den Bratsatz von den Seiten lösen, den Braten mit der Soße übergießen und eventuell Wasser nachfüllen.

Die Röhre nach 60 Minuten abschalten. Den Kammbraten aber noch ½ Stunde in der heißen Röhre lassen.

Das Fleisch herausnehmen, erkaltet in Scheiben schneiden und diese dachziegelartig übereinander wieder in die Pfanne legen. Nochmals in der heißen Herdröhre kurz »überbräunen« lassen. Die Soße (ca. ½ l) durch ein Sieb geben. Dabei wird das weichgekochte Gemüse mit durchs Sieb gestrichen. Anschließend mit der Speisestärke binden.

Dazu werden Rotkraut oder Wirsingkohl und Thüringer Klöße serviert.

Sehr beliebt ist auch, in Stifte geschnittenen Kohlrabi in wenig Salzwasser zu dünsten und dann gleich in der Fleischsoße oder auch extra zu diesem Braten anzubieten.

Schweinerippchen zu Petersiliensoße und Wickelklößen

1,5 kg Rippchen · 1½ TL Salz
½ TL Kümmel · Pfeffer · 1 Knoblauchzehe · 1 kleine Zwiebel
Für die Petersiliensoße:
20 g Butter · 1 EL Mehl · 10 g Zwiebel · 30 g Petersilie
1 EL Schmand · 1 EL Milch · 1 Eigelb

Die gewaschenen und gut abgetrockneten Rippchen mit Salz, Kümmel, Pfeffer, der geschälten Knoblauchzehe und der geschälten, geviertelten Zwiebel in eine Pfanne geben. So viel Wasser auffüllen, daß alle Rippchen davon bedeckt sind. In der geschlossenen Pfanne bei mittlerer Hitze entweder auf dem Herd oder bei 175 Grad in der Herdröhre etwa 2 Stunden garen lassen. Die Flüssigkeitsmenge kontrollieren, eventuell Wasser nachfüllen. Die garen Rippchen aus der Pfanne nehmen, auf eine Platte geben und in der Röhre warm stellen. Von der Brühe ½ l abmessen und beiseite stellen.

Für die *Petersiliensoße* die Butter zerlassen und das Mehl darin anschwitzen. Die sehr fein gehackte Zwiebel sowie die Hälfte der gewiegten Petersilie zufügen und mit durchschwitzen lassen. Mit der Rippchenbrühe auffüllen und 10 Minuten unter ständigem Rühren durchkochen lassen.

Die Soße vom Herd nehmen. Schmand, Milch und Eigelb in einem hohen Topf verrühren, nach und nach die heiße, nicht mehr kochende Soße dazugeben. Zuletzt die restliche Petersilie unterrühren. Nicht mehr kochen. Sofort zu den heißen Rippchen servieren.

Dazu gibt es Wickelklöße.

Ein ganz altes, sehr traditionelles Rezept; durch die feine Petersiliensoße wird das Gericht zur Delikatesse.

Gebratene Schweinerippchen mit Kohlrübengemüse

1,5 kg Schweinerippchen · 20 g Salz · Pfeffer
50 g Margarine · 1 Lorbeerblatt · 3 Pimentkörner
1 Zwiebel (ca. 50 g) · 1 Knoblauchzehe

Für das Kohlrübengemüse:
1 Kohlrübe · Salzwasser · ¼ l Fleischbrühe (von den Rippchen) · 1 TL Mehl · 10 g Butter
Salz · Pfeffer · Zucker · Petersilie

Die gewaschenen und gut abgetrockneten Rippchen mit Salz und Pfeffer bestreuen. In einer großen Fleischbratpfanne die Margarine zerlassen und die Rippchen von allen Seiten kurz anbraten. Etwas Wasser zugießen, wieder einkochen lassen, erneut Wasser angießen. Diesen Vorgang wiederholen. Die Rippchen aber nicht zu stark braten lassen; sie werden sonst dürr und trocken. Zuletzt alle Gewürze zufügen, ½ l Wasser auffüllen, und die Rippchen bei gelindem Feuer in der geschlossenen Pfanne ca. 45–50 Minuten weichschmoren lassen. Die Rippchen aus der Pfanne nehmen und in der Röhre warm stellen. Die Brühe durch ein Sieb gießen. ¼ l davon wegnehmen und beiseite stellen. Das weichgekochte Gemüse und die Gewürze durchs Sieb in die restliche Brühe streichen, die auch etwa ¼ l umfassen sollte. Nochmals erhitzen. Mehl in Wasser anrühren und die Soße damit binden. Mit Salz und Pfeffer würzig abschmecken.

Die *Kohlrübe* schälen, von allen holzigen Stellen befreien, erst in Scheiben, dann in Stifte schneiden wie Kohlrabi und in einen ausreichend großen Topf geben. Mit ½ l kochendem Salzwasser übergießen und 2 Minuten kochen lassen. Das Wasser abgießen. Die Fleischbrühe (¼ l von der Rippchenbrühe) zugießen und die Kohlrüben etwa 30 Minuten garen. 1 TL Butter zerlassen, 1 TL Mehl darin anschwitzen und unter die Kohlrüben mischen. Aufkochen lassen. Mit Salz, Pfeffer und Zucker kräftig abschmecken. Mit reichlich feingehackter Petersilie bestreuen.

Dazu gibt es Salzkartoffeln.

Dieses Gericht wird immer wieder gern zubereitet.

Pößnecker Kalbsbraten

20 g Margarine · 500 g Kalbsknochen · 20 g Sellerie
20 g Zwiebel · 20 g Möhre · 1 Messerspitze Salz
20 g Margarine · 30 g magerer Speck oder Räucherbauch
40 g Speck zum Spicken · 1 kg Kalbskeule oder Kalbsnierenbraten · Pfeffer · ¾ TL Rosmarin · 1 TL Salz · 20 g Zwiebel
1 kleine Tomate (50 g) · 100 g Schmand · 1 kleine Möhre (30 g)
20 g Butter · 1–2 TL Speisestärke

Margarine in einem Suppentopf zerlassen. Die Kalbsknochen darin anbraten. Das geputzte, zerkleinerte Gemüse und das Salz zufügen, kurz mit anbraten. Soviel heißes Wasser auffüllen, daß alles gut bedeckt ist, und zugedeckt 1½ bis 2 Stunden kochen lassen.

In einer großen Fleischbratpfanne die Margarine und den kleingeschnittenen Magerspeck erhitzen. Den mit Speckstreifen gespickten, mit Pfeffer, Salz und Rosmarin gewürzten Kalbsbraten darin braun anbraten. Die geviertelte Zwiebel und die Tomate (Haut über Kreuz einschneiden) zufügen und etwas Wasser zugießen. Die Flüssigkeit »einbraten« lassen, dann etwas heiße Kalbsknochenbrühe zugießen. Den Vorgang wiederholen, bis ein schöner brauner Bratfonds entstanden ist. Dann ½ l Kalbsknochenbrühe zugießen und aufkochen lassen. Fleisch und Soße kurz aus der Pfanne nehmen. In dem zurückgebliebenen Fett und Bratsatz den Schmand anschmoren, bis er etwas Farbe bekommen hat, dann Soße und Fleisch wieder zugeben. Eine kleine geputzte Möhre und ½ TL Rosmarin zugeben. Die Butter zerlassen, den Braten damit übergießen und in die vorgeheizte Röhre geben. Bei 220 Grad ca. 1½ bis 2 Stunden in der offenen Pfanne braten lassen. Immer wieder mit Bratflüssigkeit überschöpfen, eventuell heißes Wasser nachgießen.

Das gare Fleisch ruhen lassen. In nicht zu dünne Scheiben schneiden. Vor dem Servieren kurz überbräunen lassen. Die Soße mit Speisestärke binden, durchs Sieb gießen und nochmals mit Salz abschmecken.

Dazu werden Salzkartoffeln, Blumen- oder Rosenkohl und grüner Salat gereicht.

Ein sehr feines Gericht! Natürlich kann man den Kalbsbraten auch mit Thüringer Klößen essen.

Sauerbraten mit Stärkeklößen

150 ml Essig · 350 ml Wasser · 1 EL Senfkörner
1 Lorbeerblatt · 3 Pimentkörner · 3 Wacholderbeeren
2 Nelken · 50 g Zwiebel · 50 g Möhre · 50 g Sellerie
1 kg Rinderbraten vom Schwanzstück · 2 TL Salz
Pfeffer · 50 g Margarine · 75 g Räucherbauch (Magerspeck)
50 g Zwiebel · 1 Möhre, 3–4 EL gemahlenen Soßenkuchen
100 ml Rotwein

Essig mit Wasser, den Gewürzen und dem geputzten, kleingeschnittenen Gemüse 10 Minuten kochen und dann erkalten lassen. Den vollständig abgekühlten Sud über das gewaschene Fleisch gießen und mindestens 2 Tage an kühlem Ort marinieren lassen. Das Fleisch dabei täglich mehrmals wenden.

Danach das Fleisch gut abtropfen lassen, trockentupfen und mit Salz und Pfeffer einreiben. Die Margarine mit dem Räucherbauch erhitzen und das Fleisch zufügen. Von allen Seiten knusprig braun braten. Nach und nach etwas von dem Sud zugießen. Dabei die Flüssigkeit immer wieder »einbraten« lassen, damit ein brauner Bratfonds entsteht. Die geschälte, in Scheiben geschnittene Zwiebel zum Braten geben und leicht mit bräunen lassen. Insgesamt etwa die Hälfte des Suds zugießen. Dann die geputzte Möhre, den Soßenkuchen und den Rotwein zufügen. Es soll soviel Flüssigkeit in der Pfanne sein, daß der Braten etwa zur Hälfte davon bedeckt ist. Eventuell heißes Wasser nachfüllen. Den Sauerbraten zugedeckt etwa 2–2½ Stunden bei 200–220 Grad in der Herdröhre garen. Ab und zu heißes Wasser nachgießen.

Dazu werden Stärkeklöße und Rotkraut gereicht.

Ein sehr beliebtes Sonntagsessen, vor allem im Herbst und Winter.

Oberländer Rinderbraten mit Stangenspargel

1 kg Bratenfleisch · 2 TL Salz · Pfeffer · 2 TL Senf
50 g Margarine · 50 g Speck
½ Lorbeerblatt · 1 Pimentkorn
1 Wacholderbeere · 20 g Zwiebel
100 ml Schmand · 100 ml saure Sahne
1 TL Mehl · 1 TL Speisestärke · 1 Prise Zucker
Für den Spargel:
1 kg Spargel · 1 TL Salz · ½ TL Zucker
Für die Spargelsoße:
2 Eigelb · 2 EL saure Sahne oder Schmand
2 gehäufte EL Mehl · 1 TL Zucker · ¼ l Spargelkochwasser
Salz · 1 TL Zitronensaft · Muskat · 2 TL Butter

Das Fleisch waschen, trockentupfen, salzen, leicht pfeffern und dünn mit Senf bestreichen. Margarine und Speck (1 dicke Scheibe) in der Bratpfanne erhitzen. Das Fleisch dazugeben und ringsum schön braun anbraten. Die Gewürze und die geschälte, halbierte Zwiebel hinzufügen, weiter braten. Mit etwas Wasser ablöschen, die Flüssigkeit »einbraten« lassen, Pfannenrand und -boden abkratzen, mit Wasser ablöschen und so fortfahren, bis ein schöner brauner Bratfonds entstanden ist. Diese Anbratzeit dauert etwa 45 Minuten. Fleisch und Soße kurz aus der Pfanne nehmen, das Bratfett abschöpfen und zurück in die Pfanne geben. Darin die mit dem Schmand verquirlte saure Sahne erhitzen und schmoren lassen, bis sie eine schöne hellbraune Farbe bekommen hat. Dann Fleisch und Soße wieder hinzugeben und so viel Wasser auffüllen, daß das Fleisch bis zur Hälfte von Flüssigkeit bedeckt ist. In die vorgeheizte Herdröhre stellen und zugedeckt bei 200 Grad Celsius 1 3/4 Stunden braten lassen. Zwischendurch immer wieder mit Soße übergießen, eventuell etwas Wasser nachfüllen. Das Fleisch eine Weile ruhen lassen, in Scheiben schneiden, dachziegelartig anordnen, nochmals in die Pfanne geben und in der heißen Röhre warm stellen. Die Soße mit Mehl und Speisestärke binden. Mit Zucker abschmecken.

Den *Spargel* waschen. Am Spargelkopf beginnend mit scharfem Messer dünn schälen, dabei nach unten hin stärker schälen, um alles Holzige zu entfernen. Die Spargelstangen zu je 6 bündeln, die Bündel mit weißem Zwirn oben und unten zusammenbinden. In einer länglichen Pfanne Salzwasser zum Kochen bringen. Die Spargelbündel hineinlegen und ½ TL Zucker zufügen. 20–25 Minuten kochen lassen. Den Spargel vorsichtig herausheben, auf eine vorgewärmte Platte legen, Faden entfernen und mit Spargelsoße übergießen.

Für die *Spargelsoße* die Eigelb mit Schmand, Mehl, Zucker und Spargelkochwasser in einem hohen Topf verrühren. Unter ständigem Rühren kurz erhitzen und aufkochen lassen. Mit Zitronensaft und Muskat abschmecken. Zuletzt die zerlassene Butter unterrühren.

Dazu gibt es Kartoffelbällchen.

Rinderbraten gehörte früher zu den edelsten Gerichten. Er wurde gespickt, nur mit Salz gewürzt und mit viel Sahne zubereitet. Heute ist das Fleisch nicht mehr von solcher Qualität, und keiner kommt ganz ohne Gewürze aus.

Oberländer Rinderbraten mit Stangenspargel (S. 37)

Rinderrouladen auf Thüringer Art

4 Rinderrouladen (ca. 700 g) · 4 TL Senf
60 g Speck · 60 g Räucherbauch · 100 g Zwiebeln
1 TL Salz · 1 TL Pfeffer · 40 g Margarine
100 ml saure Sahne · 100 ml Schmand
2 TL Speisestärke · 1 Prise Zucker

Die Fleischscheiben waschen, trockentupfen, klopfen und dünn mit Senf bestreichen. Speck und Räucherbauch in schmale Streifen schneiden und die Rouladen damit belegen. Die Zwiebeln schälen und würfeln. Zwiebelwürfel, Salz und Pfeffer auf die Fleischscheiben geben, zusammenrollen und befestigen (mit Rouladenspießchen feststecken oder mit weißem Zwirn umwickeln). In einem Bräter die Margarine erhitzen und die Rouladen darin ringsum schön braun anbraten. Heißes Wasser zugeben, wieder »einbraten« lassen, den Bratsatz lösen, erneut Wasser auffüllen und damit solange fortfahren, bis sich ein kräftig brauner Bratfonds gebildet hat. Mit $1/4$ l heißem Wasser auffüllen und durchkochen lassen. Fleisch und Soße aus der Pfanne nehmen. Im verbleibenden Bratfett das Sahne-Schmand-Gemisch kurz anschmoren, bis es Farbe genommen hat. Fleisch und Soße wieder zufügen. Die Pfanne zugedeckt in die vorgeheizte Röhre stellen und bei 200 Grad $1^{1}/_{2}$ bis 2 Stunden garen lassen. Die Rouladen dabei immer wieder mit Flüssigkeit übergießen und wenden. Ist die Soße zu sehr eingedickt, heißes Wasser nachfüllen und den Bratsatz von den Pfannenrändern lösen. Die Soße mit der Speisestärke binden und mit einer Prise Zucker abschmecken.

Dazu werden Rotkraut und Thüringer Klöße serviert.

Die schmackhafte Thüringer Variante dieses allseits beliebten Gerichts darf in diesem Kochbuch einfach nicht fehlen. Auch Schweinsrouladen, aus Schnitzelfleisch auf gleiche Weise zubereitet, sind sehr beliebt.

Lamm- oder Hammelrollbraten

1 kg Lammfleisch · 1 EL Senf · 2 TL Salz · Pfeffer
20 g Margarine · 30 g Räucherbauch · $1/2$ TL Thymian
1 Zweig Rosmarin · 1 kleines Lorbeerblatt · 3 Wacholderbeeren
60 g Zwiebel · 1 Knoblauchzehe · 100 g Schmand
100 g saure Sahne · 1 kleine Möhre · 1 Glas Weißwein
2 TL Speisestärke

Den gewickelten Lamm- oder Hammelbraten waschen, trockentupfen, dünn mit Senf einreiben, salzen und pfeffern. Die Margarine in einer Bratpfanne mit dem Bauchspeck erhitzen. Dann die Lamm- oder Hammelrolle einlegen und ringsum knusprig braun anbraten. Den Bratsatz zwischendurch immer wieder mit etwas heißem Wasser löschen, dann die Flüssigkeit wieder »einbraten« lassen und den Vorgang wiederholen. Die Gewürze, die geschälte, halbierte Zwiebel und die geschälte Knoblauchzehe hinzufügen und mit schmoren lassen. Wenn ein schöner brauner Bratfonds entstanden ist, den Schmand mit der sauren Sahne verrühren und zum Braten geben. Unter ständigem Rühren weiter schmoren lassen, bis das Schmand-Sahne-Gemisch eine schöne braune Farbe angenommen hat. Soviel heißes Wasser zugießen, daß der Braten zur Hälfte von der Flüssigkeit bedeckt ist, und die geputzte, ganze Möhre sowie ein Glas Weißwein zugeben. Den Braten $1^{1}/_{2}$–2 Stunden zugedeckt bei 220 Grad in der Herdröhre schmoren lassen, dabei immer wieder mit der Bratflüssigkeit begießen. Eventuell Wasser nachfüllen. Das gare Fleisch abkühlen lassen.

Kurz vor dem Servieren in dicke Scheiben schneiden, diese dachziegelartig in einer Pfanne oder feuerfesten Form übereinanderlegen, mit etwas Bratfonds übergießen und nochmals 10 Minuten in der heißen Röhre »überbräunen« lassen. Die Soße (ca. $^1/_2$ l) durch ein Sieb gießen. und dabei die Gewürze mit durchs Sieb streichen. Mit Speisestärke binden.

Zu diesem Gericht werden Thüringer Klöße und Rotkraut oder Rosenkohl gegessen.

Ein feiner, würziger Braten.

Lammkeule, wie Wild zubereitet

1 kg Lammkeule · 40 g Speck · $^1/_2$–1 l Buttermilch
2 TL Salz · Pfeffer · 40 g Margarine · 30 g Speck
1 Zwiebel (ca. 50 g) · 3 Pimentkörner
3 Wacholderbeeren · 5 Pfefferkörner · 2 Nelken
1 kleines Lorbeerblatt · $^1/_4$ TL Basilikum
100 g saure Sahne · 100 g Schmand · 2 TL Speisestärke

Die Lammkeule von Fett und Häuten befreien, mit Speckstreifen spicken und in einen hohen Topf legen. Mit der Buttermilch übergießen und 1 Tag marinieren lassen; das Fleisch soll dabei vollständig von Buttermilch bedeckt sein. Öfter wenden.

Dann gut abtropfen lassen, trockentupfen, mit Salz und Pfeffer einreiben.

Margarine und die Speckscheiben in einer Pfanne erhitzen. Das Fleisch in der heißen Fettigkeit ringsum braun anbraten. Zwischendurch etwas heißes Wasser zugießen, den Bratsatz lösen, wieder »einbraten« lassen und den Vorgang wiederholen, bis ein kräftig brauner Bratfonds entstanden ist. Die geschälte, geviertelte Zwiebel und die Gewürze (Wacholderbeeren zerdrük-

ken!) hinzufügen und weiter schmoren. Das Fleisch kurz aus der Pfanne nehmen, den Bratfonds abschöpfen und in dem zurückbleibenden Bratfett das Schmand-Sahne-Gemisch schmoren, bis es eine schöne hellbraune Farbe angenommen hat.

Dann Fleisch und Bratfonds zurückgeben, soviel Wasser zufügen, daß das Fleisch zur Hälfte davon bedeckt ist. Den Braten in die vorgeheizte Röhre stellen und zugedeckt 1–1$^1/_2$ Stunden braten lassen. Dabei das Fleisch öfters mit dem Bratfonds übergießen und eventuell heißes Wasser nachfüllen. Dann die Röhre abschalten und den Braten noch $^1/_2$ Stunde im Ofen ruhen lassen.

Das abgekühlte Fleisch in Scheiben schneiden, in eine Pfanne legen, mit etwas Bratfonds übergießen und in der Röhre 10 Minuten bräunen lassen.

Die Soße mit den Gewürzen durch ein Sieb drücken, nochmals aufkochen lassen und mit der in kaltem Wasser angerührten Speisestärke binden.

Dazu gehören unbedingt Thüringer Klöße.

Das Lamm wird auf diese Weise ganz lieblich und mild und schön mürbe. Zu diesem Braten schmecken geschmorte Waldpilze oder Champignons. Die Pilze machen das Gericht zum Festmahl.

Schöpsbraten mit Rosenkohl

1 1/2 kg Hammelhals und Hammelrippen
2 TL Salz · Pfeffer · 2 gehäufte TL Kümmel
200 g Zwiebeln · 1 Knoblauchzehe · 1 TL Mehl
1 Semmel · 1 TL Butter
Für den Rosenkohl:
750 g Rosenkohl · 1 TL Salz · 30 g Butter
Pfeffer · Muskat · Zitronensaft · Petersilie

Die Knochen von Hammelhals und Rippen in ½ Liter heißem Wasser eine halbe Stunde mit Salz, Pfeffer und Kümmel kochen. Dann aufgedeckt bei starker Hitze die Flüssigkeit »einkochen« lassen. Zwiebeln und Knoblauch schälen, kleinschneiden und zugeben. Braten lassen, bis die Zwiebel goldgelb und das Fleisch mittelbraun ist. Zwischendurch erneut heißes Wasser zugeben und weiterbraten lassen. Nach 45 Minuten so viel Wasser zugeben, daß das Fleisch halb bedeckt ist. Den Braten zugedeckt bei 175–200 Grad in der vorgeheizten Röhre etwa 1 Stunde garen lassen. Das Fleisch aus der Pfanne nehmen, auf einer Platte anordnen und warm stellen. Die Soße nur ganz leicht mit 1 TL Mehl, das in kaltem Wasser angerührt wird, binden.

Die Semmel würfeln, in der heißen Butter arrösten und erst kurz vor dem Servieren auf die fertig angerichtete Soße geben.

Den *Rosenkohl* waschen und putzen, in ½ Liter kochendes Salzwasser geben und 15 Minuten leise köcheln lassen. Das Kochwasser abgießen, die Röschen kurz unter kaltes Wasser halten und in einem Sieb gut abtropfen lassen. In einem breiten Topf Butter zerlassen. Den Rosenkohl darin schwenken, pfeffern, mit einem Hauch geriebenem Muskat und einem Spritzer Zitronensaft würzen Vor dem Servieren gehackte Petersilie aufstreuen.

Fleisch und Gemüse mit Seidenklößen oder Stärkeklößen auftragen.

Für Kenner eine Delikatesse!

Sommerliches Grillvergnügen

Im Sommer können Spaziergänge durch Thüringens Dörfer zur Marter für Nase und Magen werden: Schon von weitem sieht man die blaugrauen Rauchwölkchen aus Höfen und Gärten aufsteigen, und in der Nähe kann keiner dem Duft der Rostbratwürste oder Rostbrätel widerstehen. Sommerzeit ist Grillzeit. Das Wichtigste bei den Thüringer Spezialitäten ist die richtige Vorbereitung. Denn die originalen Rostbrätel müssen über Nacht in einer besonderen Marinade liegen. Sie kommen auf den gut gefetteten Rost, unter dem ein Holzkohlenfeuer glimmt. Wer besonders aromatische Grilladen möchte, kann getrocknete Kräuter auf die Glut geben.

Würzige Fleischspieße

(für 8 große oder 10 mittlere Fleischspieße)
300 g Schnitzelfleisch · 300 g Rinderfilet
200 g Leber · 250 g Räucherbauch · 150 g Zwiebeln
200 g kleine, feste Champignons
2 TL Salz · Pfeffer · 2 EL Senf · 1 TL Tomatenmark
50 g Margarine · ¼ l Wasser · Paprika · (1 TL Speisestärke)

Das gewaschene, trockengetupfte Fleisch und die Leber in grobe, möglichst gleich große Würfel schneiden. Den Räucherbauch in nicht zu dicke Scheiben schneiden. Die geschälten Zwiebeln auch. Die Champignons waschen und – wenn nötig – am Stiel etwas putzen. Alles abwechselnd auf Holz- oder Metallspieße stecken, mit Salz und Pfeffer bestreuen sowie dünn mit Senf und Tomatenmark bestreichen. In einer großen Pfanne die Margarine erhitzen und die Fleischspieße darin schön braun braten. Dabei einmal wenden. Den Bratsatz mit etwas heißem Wasser ablöschen und »weiterbrutzeln«. ¼ Liter Wasser zugießen. Die Spieße leicht mit Paprika bestäuben und die offene Pfanne in die heiße Herdröhre stellen. Bei 150–175 Grad unter öfterem Beschöpfen die Fleischspieße 35 Minuten garen lassen.

Für das Gartenfest werden die Spieße im Herd vorbereitet und dann nur am Rande des Grills bis zum Servieren heiß gehalten. Dazu reicht man Weißbrot und viele frische Salate.

Diese Fleischspieße kann man auch als Mittagessen zubereiten. Dann wird die knappe Bratensoße mit der in etwas kaltem Wasser angerührten Speisestärke etwas dicker als üblich gebunden. Sonst würde sie beim Anrichten im Kartoffelstampf bzw. Kartoffelpüree versinken, das man gern dazu ißt.

Thüringer Rostbratwurst

mindestens 8 frische Rostbratwürste
(in Thüringen meistens mehr)

Die frischen, weichen Bratwürste in kaltem Wasser abspülen, die Enden dabei fest zudrehen. Auf den heißen Grill legen und knusprig braun braten. Dabei gelegentlich mit etwas Bier bespritzen (das meiste Bier trinkt der Brater!) und mehrmals wenden.

Mit Senf und Brot oder mit Mayonnaisekartoffelsalat servieren.

»Roster« gehören zum Sommerfest. Sie werden so gern gegessen, daß man sie in den Thüringer Städten fast an jeder Straßenecke angeboten bekommt.

Thüringer Rostbrätel, auf dem Rost gebraten

8 Kammscheiben vom Schwein (je Scheibe ca. 150 g)
Salz · Pfeffer · Senf · 500 g Zwiebelscheiben · 1/2 l Bier
2 EL Öl · 1 TL Edelsüßpaprika

Die Kammscheiben waschen, klopfen und trockentupfen. Fettränder einschneiden. Ein hohes Gefäß bereit stellen. Jedes Rostbrätel mit Salz und Pfeffer bestreuen, mit Senf bestreichen und mit 2 Zwiebelscheiben belegen. Das Rostbrätel in ein Gefäß legen und Bier darüberträufeln. Das nächste Rostbrätel ebenso behandeln und auf das erste legen. Alle Rostbrätel auf diese Weise übereinander schichten. Sie sollen mit Bier bedeckt sein, aber nicht darin »schwimmen«; das laugt sie aus. 2–24 Stunden an einem kühlen Ort marinieren lassen. Das Bier sollte dann – bis auf einen kleinen Rest – »aufgesaugt« sein. Auf dem Grill braten, bis sie gerade durch sind. So bleiben sie innen saftig. Die restlichen Zwiebelscheiben mit wenig Öl in einem großen Tiegel goldgelb braten und anschließend mit etwas Paprika bestäuben. Die Zwiebelringe werden auf den Rostbräteln angerichtet.

Dazu kräftiges Bauernbrot reichen und viel frisches Salatgemüse: Gurken, Tomaten ...

Rostbrätel sind seit Jahren »der Renner« auf allen Thüringer Speisekarten. Sie lassen sich auch in der Pfanne braten, dürfen innen aber nur »gerade so durch sein«; knusprigbraun gebratene Rostbrätel werden innen zäh und hart.

Paniertes Hähnchen mit Mayonnaisekartoffelsalat

1 Hähnchen · 20 g Salz · Pfeffer · Edelsüßpaprika · 2 EL Mehl
1 Ei · 2 EL Wasser · 3–4 EL Semmelmehl · 100 ml Öl
Für den Mayonnaisesalat:
500 g Pellkartoffeln · 2 Gewürzgurken
1 kleines Stück Zwiebel · 1/4 Apfel · 1 EL Mayonnaise
1 EL saure Sahne · 2 EL Gurkenbrühe von eingelegten
sauren Gurken · 1 TL Senf · 1 TL Salz · Pfeffer · 1 TL Zucker
1 Messerspitze Estragon · frische Dillspitzen · 1 EL Öl
Schnittlauch · Rote Bete

Das Hähnchen gut waschen und sorgfältig abtrocknen. Hals und Flügel abtrennen, eventuell für eine Hühnerbrühe verwenden. Das Hähnchen in mehrere Stücke teilen, mit Salz, Pfeffer und Paprika bestreuen und in Mehl wenden. Das Ei mit 2 EL Wasser verrühren. Die mehlierten Hähnchenstücke durch das Ei ziehen und im Semmelmehl wenden. In sehr heißem Öl auf beiden Seiten knusprig braun braten, dabei nicht zu dunkel werden lassen. Dann in die vorgeheizte Herdröhre geben und bei 150 Grad noch 20–30 Minuten garen lassen. So werden die Stücke besonders saftig.

Die gekochten, geschälten und vollständig erkalteten Pellkartoffeln in dünne Scheiben schneiden. Die Gewürzgurken, die geschälte Zwiebel und den geschälten, entkernten Apfel würfeln und beides zufügen. Mayonnaise, saure Sahne, Gurkenbrühe oder Essig, Senf, Salz, Pfeffer, Zucker und alle Kräuter (außer Schnittlauch) zufügen und gut miteinander verrühren. Über die Kartoffelscheiben geben. Alles mit zwei Gabeln vorsichtig vermengen. Mindestens 1 Stunde durchziehen lassen. Eventuell mit Salz, Zucker und Essig abschmecken, wenn er nicht kräftig genug sein sollte. Zum Schluß 1 EL Öl unterziehen. Mit sauren Rote-Bete-Scheiben und Schnittlauch garnieren!

Dieser Kartoffelsalat wird gern zu allem Gebratenen und zu Grillgerichten gereicht. Deshalb muß er »leicht« sein und sollte weder Fleisch noch Eier enthalten.

Frühlingssalat

1 rote Paprikaschote · 1 grüne Gurke · 1 Apfel
1 Tomate · 5–6 Radieschen · ½ Zwiebel
1 Prise Estragon · Dill · Petersilie
Salz · Pfeffer · Zucker · Essig · 2–3 TL Öl · Schnittlauch

Alles Gemüse waschen und trockentupfen. Die Paprikaschote entkernen und in feine Streifen schneiden. Gurke und Apfel schälen, entkernen und in Würfel schneiden. Die Tomate ebenfalls in Würfel, die Radieschen in Scheibchen schneiden. Die geschälte Zwiebel fein hacken. Alles in eine Salatschüssel geben. Die frischen Kräuter mit dem Wiegemesser grob hacken und zufügen. Mit Salz, Pfeffer, Zucker und Essig abschmecken. Dann das Öl zufügen und gut vermengen. Mit gehacktem Schnittlauch bestreuen. Sofort servieren.

Frische Kräuter sind in jedem Thüringer Hausgarten zu finden.

Blumenkohlsalat

1 Blumenkohl · Salz · 2 TL Essig · Pfeffer · Zucker · 1 EL Öl

Den Blumenkohl in Salz- oder Essigwasser einlegen, damit alles Ungeziefer entfernt werden kann. Dann in nicht zu kleine Röschen zerteilen und in leichtem Salzwasser 15 Minuten kochen lassen. Auf einem Durchschlag gut abtropfen lassen. Die Blumenkohlröschen in eine Schüssel geben. Essig, Pfeffer, Zucker und Öl verrühren und über den Blumenkohl geben. Durchziehen lassen.

Frische Salate gehören zu jedem Grillgericht. Der Blumenkohlsalat schmeckt pikant und ist gut bekömmlich.

Gartensalat

1 Salatkopf · 1 EL Zitronensaft
1–2 EL Zucker · 1 Prise Salz · 1 EL Öl
4–5 Blätter kleingeschnittene Zitronenmelisse

Die Salatblätter waschen, zerpflücken und in eine Schüssel geben. Zitronensaft, Zucker, Salz und Öl verrühren und mit den Salatblättern vermischen. Die Zitronenmelisse darüberstreuen und mit dem grünen Salat vermengen.

So »konventionell« ist der Blattsalat in Thüringen noch immer weithin beliebt.

Gartensalat auf andere Art

1 Salatkopf · 1 TL Öl · 1 TL Schmand · Salz · Pfeffer
Zucker · Essig
eine Handvoll Gartenkräuter: frischer Dill
Estragon · Zitronenmelisse · Schnittlauch

Den Salatkopf waschen und die Blätter zerpflücken. In eine Schüssel geben. Öl und Schmand mit den übrigen Gewürzen verrühren und die Soße auf die Salatblätter geben. Die frischen Kräuter kleinschneiden und untermischen.

Elfenspeise

¹/₄ l Schlagsahne · 100 g Staubzucker
¹/₂ Päckchen Götterspeise (Himbeergeschmack)
2 EL Wasser · 75 ml Weißwein · 2 EL Zitronensaft
frische Himbeeren · Zitronenmelisse

Die Sahne steifschlagen, dabei nach und nach den Staubzucker zugeben. Die Götterspeise in dem mit Wasser gemischten und Zitronensaft versetzten Weißwein auflösen. Erkalten lassen und tropfenweise ganz vorsichtig unter die Sahne schlagen. In eine Glasschale füllen und kühl stellen.

Mit frischen Himbeeren und 1 Blatt Zitronenmelisse garnieren.

Eine ganz alte, aber sehr feine Speise. Auch unsere Urgroßmütter wußten, was gut schmeckt! Jedes Fest sollte seinen süßen Abschluß haben. Woher der Name stammt, ist unbekannt.

Warmer Krautsalat mit Bratwurst und Kartoffeln

Gemüse vom Feld und aus dem Garten

In vielen Bauerngärten werden Bohnen und Radieschen, Gurken und Tomaten, Kürbisse und Rapunzeln selbst gezogen. Zusätzlich kann jeder im Sommer und Herbst das reichliche Angebot auf den Wochenmärkten nutzen. Jene Gerichte, in denen das Gemüse dominiert, erinnern besonders an die gebundene Speisefolge, die Gerichte in bestimmter, immer gleicher Zusammensetzung kannte. Auch Pilze kommen oft auf den Tisch.

Warmer Krautsalat mit Bratwurst und Kartoffeln

³/₄ l Wasser · 20 g Salz · 2 EL Essig

1 Messerspitze Pfeffer · 1 TL Zucker · 1 TL Kümmel

750 g Weißkraut · 30 g Speck

400 g weiche »Bratwurst« (Damit ist keine Rostbratwurst gemeint, sondern hausschlachtene Knackwurst; anderenorts auch »grobe Mettwurst« oder »frische Knackwurst« genannt. Dabei handelt es sich um gewürztes Gehacktes, das in Därme gefüllt, getrocknet und geräuchert worden ist.)

1 TL Margarine · 10 g Zwiebel · 1 TL Mehl · ¼ l Fleischbrühe

Salz · Pfeffer

Das Wasser mit Salz, Essig, Pfeffer, Zucker und Kümmel in einem ausreichend großen Topf zum Kochen bringen. Inzwischen das Kraut vierteln, den Strunk entfernen, Streifen und dann Würfel schneiden. Das so vorbereitete Kraut in den kochenden Würzsud geben und bei gelinder Hitze 40–45 Minuten kochen lassen. Das Kochwasser abgießen.

Den Speck würfeln und im Tiegel ausbraten. Das Kraut in eine Schüssel geben und mit den knusprigen Speckwürfeln vermischen. Warm stellen.

Die Bratwurst mit kochendem Wasser überbrühen, in vier Stücke teilen und in der erhitzten Margarine langsam braun braten. Herausnehmen und warm stellen. Im Bratfett die kleingeschnittene Zwiebel goldgelb braten, dann das Mehl zufügen und hellbraun schwitzen. Mit kalter Fleischbrühe ablöschen (es geht auch Wasser, mit Brühpulver vermischt!), aufkochen lassen und abschmecken.

Die Bratwurst kann auf dem Krautsalat angerichtet werden. Soße und Salzkartoffeln werden gesondert dazu gereicht.

Ein noch immer beliebtes, altes Thüringer Gericht!

Krautwickel

1 Weißkraut · 1 l Wasser · 1 TL Salz · 400–500 g Gehacktes

1 Semmel · 1 E · 1 Zwiebel (ca. 50 g)

½ TL Kümmel · Salz · Pfeffer · 50 g Margarine

50 g Bauchspeck · 1 TL Mehl · Suppenwürze

Den von allen welken Blättern befreiten Weißkrautkopf in 1 Liter kochendes Salzwasser legen und 5 Minuten kochen lassen. Herausheben und abtropfen lassen.

Das Kochwasser beiseite stellen. Den Strunk mit spitzem Messer herausschneiden und die Blätter vorsichtig ablösen. Pro Krautwickel werden 2 Blätter benötigt.

Das Gehackte mit der eingeweichten, ausgedrückten Semmel, dem Ei, der geschälten, kleingehackten Zwiebel und den Gewürzen vermischen. Die Masse in vier gleich große Teile teilen. Je zwei Krautblätter übereinander legen, das Gehackte in die Mitte geben und die Krautwickel zusammenrollen. Mit Zwirnsfaden so umwickeln, daß die Rolle gut zusammenhält.

In einer Fleischbratpfanne Margarine erhitzen und den in dünne Scheiben geschnittenen Bauchspeck darin glasig ausbraten. Die Krautwickel dazugeben und bei nicht zu starker Hitze ringsum schön hellbraun anbraten; Vorsicht, sie verbrennen leicht! Von Zeit zu Zeit etwas vom Krautkochwasser zufügen, wieder »einbraten« lassen und den Vorgang wiederholen, bis die Krautwickel gebräunt sind und auch ein kräftiger Bratfonds entstanden ist. Mit soviel Krautkochwasser auffüllen, daß die Krautwickel etwa zu einem Drittel von Flüssigkeit bedeckt sind. Dann zugedeckt noch ca. 1 Stunde schmoren lassen. Keine Flüssigkeit mehr zugießen; es soll nur etwa $1/4$ Liter Soße übrig bleiben. Die Soße mit dem in kaltem Wasser angerührten Mehl binden. Mit Salz, Pfeffer und Suppenwürze abschmekken. Dazu werden Salzkartoffeln gereicht.

Die Thüringer Krautwickel unterscheiden sich von allen anderswo beheimateten Varianten dieses beliebten Gerichts durch die unnachahmlich würzige Soße!

Topinambur oder »Erdbirnen«

650 g Erdbirnen · Salz · Pfeffer · $1/4$ l Fleischbrühe
1 Semmel · 1 TL Butter

Die Erdbirnen in soviel Salzwasser, daß sie davon bedeckt sind, weichkochen, ca. 5–10 Minuten. Danach schälen. Die Schale läßt sich sehr leicht abziehen! Die geschälten Erdbirnen in Scheiben schneiden und in eine Schüssel geben. Mit reichlich frisch gemahlenem Pfeffer würzen. Die Fleischbrühe kochend heiß darübergießen. Die Semmel in Würfel schneiden. Butter in einem Tiegel erhitzen und die Semmelwürfel darin goldgelb braten. Die Semmelröstel über die Erdbirnen streuen; sie geben dem Gericht die »Bindung«.

Dazu werden gekochte Rückbeinchen oder Schweinekamm und auf jeden Fall Klöße gegessen.

Ein ganz altes Rezept, für Kenner der Thüringer Küche. Topinambur findet man noch in Bauerngärten. Die rohen Knollen schmecken süßlich.

Porreepfanne mit Fleischklößchen

1,5 kg Porree (ergibt geputzt etwa 700 g)
400 g Gehacktes · reichlich Salz · Pfeffer · Kümmel
30 g Butter · 1 Möhre · $1/8$ l Brühe

Den geputzten und gewaschenen Porree in 2–3 cm lange Stücke schneiden.

Das Gehackte mit Salz, Pfeffer und Kümmel würzen, walnußgroße Klößchen formen und in der heißen Butter ringsum knusprig braun braten.

Die Hälfte der Klößchen samt dem Bratfett in einen breiten Topf oder eine feuerfeste Form geben. Darüber die Hälfte des Porrees verteilen. Dann wieder Gehacktesklößchen in den Topf oder die Form geben und als letzte Schicht den restlichen Porree. Eine geputzte und längs geviertelte Möhre sternförmig in die

Gemüse vom Feld und aus dem Garten

Porreepfanne mit Fleischklößchen

Mitte legen. Die Fleischbrühe aufgießen. Zugedeckt in ca. 30 Minuten garschmoren. Die Brühe soll am Schluß ziemlich verdunstet sein.

Dazu gehören Salzkartoffeln.

Eine schnelle, aber sehr schmackhafte und gesunde Mahlzeit. Auch Weißkraut kann man so zubereiten. Als »Schichtkraut« ist diese Speise vielleicht sogar noch bekannter. Allerdings ist die Porreepfanne lieblicher und feiner.

Spinat auf Thüringer Art

500 g frischer Spinat oder 1 Päckchen Tiefkühlspinat
30 g Butter · 30 g Zwiebel · 2 TL Mehl
½ Tasse Fleischbrühe · Salz
Pfeffer · Muskat · 1 Schuß süße Sahne
50 g in Scheiben geschnittener Speck · 8 Eier

Den gut verlesenen frischen Spinat einige Male waschen und in einen Topf ohne Wasser geben. Was an den Blättern hängen bleibt, reicht. Kurz aufkochen lassen, damit der Spinat »zusammenfällt«. Das Kochwasser abgießen. Den Spinat auf einem Holzbrett fein wiegen.

Die Butter in einem Topf zerlassen, die geschälte, gehackte Zwiebel zufügen und goldgelb braten, aber nicht braun werden lassen. Das Mehl darin anschwitzen lassen und mit der Fleischbrühe ablöschen. Den gewiegten frischen oder den gefrosteten, leicht angetauten Spinat hinzugeben, gut durchrühren und noch 10 Minuten leise köcheln lassen. Mit Salz, Pfeffer und einem Hauch Muskat abschmecken. Zur Verfeinerung einen Schuß süße Sahne zugeben.

Die Speckscheiben in einem großen Tiegel goldgelb braten und die Eier darüber schlagen. Ist nur ein kleiner Tiegel vorhanden, die Speckmenge halbieren und zweimal je vier Eier braten.

Dazu werden Salzkartoffeln serviert.

Ein wohlschmeckendes Gericht; früher wurde es oft am Karfreitag gereicht.

Pilzgulasch mit Petersilienkartoffeln

1½–2 kg geputzte, frische Waldpilze · 80 g Speck
60 g Butter · 150 g Zwiebeln · ⅛ l Kaffeesahne · ¼ l Milch
¼ TL Pfeffer, 1½–2 TL Salz

Die geputzten, gewaschenen und geschnittenen Pilze in einen großen Topf geben und mit 1–2 EL heißem Wasser kurz aufwallen lassen, damit sie »zusammenfallen«. Dauert ca. 2 Minuten. Vom Herd nehmen. In einem ausreichend großen Tiegel den kleingewürfelten Speck in der Butter ausbraten, aber nicht zu braun werden lassen. Die geschälten, gewürfelten Zwiebeln hinzufügen und kurz darin anrösten, dann die Pilze samt Pilzsaft hinzufügen. Unter Rühren so lange braten, bis die Pilze im Bratfett schmoren und richtig glänzen. Kaffeesahne und Milch verrühren und hinzugeben. Mit Pfeffer und Salz würzen. Weiterbraten, bis die Soße »eingebraten« und bräunlich ist. Dann sind auch die Pilze gut.

Dazu gehören mittags Salzkartoffeln, dick mit frisch gewiegter Petersilie bestreut. Abends wird auch einfach Brot zu diesem leckeren Gericht gegessen.

Die bräunliche, mitgebratene Soße gibt dem Pilzgulasch eine schöne Bindung. Reichen die Pilze einmal nicht für eine ganze Mahlzeit, dann werden statt der Sahne-Milch frische Eier unter die Pilze gerührt. Zu den Herbstfreuden vieler Thüringer gehören auch heute noch das Pilzesuchen und das Pilzeessen.

Zwiebelkuchen

Teig:
300 g Mehl · 20 g Hefe · 175 ml Milch · 1 EL Zucker
1 Prise Salz · 50 g Margarine
Belag:
125 g durchwachsener Speck · 500 g geschälte Zwiebeln
25 g Butter · ½ TL Salz · 1 TL Kümmel
250 g saure Sahne · 2 Eier

Das Mehl in eine Schüssel geben und in der Mitte ein Vertiefung eindrücken. Die Hefe mit der handwarmen Milch verquirlen, in die Vertiefung gießen und etwas Mehl sowie den Zucker einrühren. Die Schüssel abdecken, und das Hefestück an warmem Ort 20 Minuten gehen lassen. Die restlichen Zutaten unterkneten und den Teig nochmals 60 Minuten gehen lassen. Den Teig, der sein Volumen mindestens verdoppelt haben muß, zusammenstoßen, nochmals kneten, ausrollen und ein gut gefettetes Backblech damit auslegen. Nochmals 10 bis 15 Minuten ruhen lassen.

Den Speck würfeln, die Zwiebeln in feine Streifen schneiden. Beides in der zerlassenen Butter ca. 20 Minuten bei gelinder Hitze langsam dünsten, bis die Zwiebeln »zusammengefallen« sind; sie sollen aber nicht bräunen. Das Speck-Zwiebel-Gemisch mit Salz und Kümmel würzen und gleichmäßig auf dem ausgerollten Hefeteig verteilen. Den Kuchen in der vorgeheizten Röhre bei 200 Grad ca. 15 Minuten backen.

Inzwischen saure Sahne und Eier gut miteinander verrühren. Den Kuchen nach 15 Minuten Backzeit kurz aus dem Herd nehmen. Den Sahne-Eier-Guß gleichmäßig darüber verteilen und nochmals 10 Minuten backen. Die Röhre ausschalten und den Kuchen weitere 5 Minuten darin stehen lassen, damit der Guß fest wird.

Zwiebelkuchen wird gern gereicht, wenn schon am Vormittag Gäste kommen. Dazu gibt es trockenen Weißwein, herben Rotwein oder auch Bier.

Zwiebelkuchen wird warm gegessen. Er kann auch gut in der Röhre wieder aufgewärmt werden. Die Zwiebelmenge ist variabel. Wer mehr davon mag, kann sie gern erhöhen.

Linsengemüse mit Thüringer Blutwurst

200 g Linsen · ½ l Wasser · 2 TL Brühpulver
½ Lorbeerblatt · 20 g Lauch · 50 g Möhre · 50 g Sellerie
½ l Fleischbrühe · 1 EL Butter
100 g magerer, geräucherter Bauchspeck
1 große Zwiebel (ca. 80 g) · 1 EL Mehl · 1 TL Salz
2 EL Essig · ½ TL gemahlenes Bohnenkraut
600 g Thüringer Fleischblutwurst

Die Linsen 2 Stunden in kaltem Wasser einweichen. Das Einweichwasser abgießen. Die Linsen in ½ Liter frischem Wasser mit dem Brühpulver, dem Lorbeerblatt, dem geputzten und zerkleinerten Suppengemüse ca. 1 Stunde bei gelinder Hitze kochen. Dabei soll die Flüssigkeit langsam einkochen. Nicht anbrennen lassen!

Inzwischen in einem Tiegel die Butter zerlassen, den mageren Bauchspeck in feine Würfel schneiden und anbraten. Die geschälte, fein gehackte Zwiebel zufügen und goldgelb braten. Die Speck-Zwiebel-Würfel mit der Lochkelle aus der Pfanne heben und zu den garen Linsen geben. Im zurückbleibenden Bratfett 1 EL Mehl braun schwitzen und zu den Linsen geben. Mit Salz, Essig und gemahlenem Bohnenkraut abschmecken und nochmals kurz aufkochen lassen.

Die Blutwurst in dicke Scheiben schneiden, in einen Tiegel legen und auf der Herdplatte erwärmen.

Dazu werden Salzkartoffeln gereicht.

Diese Linsen kann man immer wieder auf den Tisch bringen.

Sauerkraut mit Thüringer Rostbratwürsten

500 g Sauerkraut · ½ l Wasser · 50 g Möhre · 50 g Zwiebel
3 Wacholderbeeren · 2 Pimentkörner · 3 Pfefferkörner
1 Nelke · ½ Lorbeerblatt · 1 TL Kümmel · 1½ TL Salz
1 TL Zucker · 70 g Speck · Salz und Zucker zum Abschmecken
4 frische Rostbratwürste · 2 TL Margarine

Das Sauerkraut mit ½ Liter Wasser zum Kochen ansetzen. Die geputzte, in schmale Scheiben geschnittene Möhre, die geschälte, klein geschnittene Zwiebel und alle übrigen Gewürze zugeben und alles ca. 1 Stunde kochen lassen. Dabei verkocht das Wasser fast völlig; wenn ein kleiner Rest bleibt, ist er abzugießen. Den Speck würfeln und in einem Tiegel auslassen. Die Speckwürfel samt Bratfett unter das Sauerkraut heben, mit Salz und Zucker abschmecken und das Kraut warm stellen.

Die frischen Rostbratwürste abwaschen und abtrocknen. In einem großen Tiegel die Margarine zerlassen und die Würste langsam, also bei geringer Hitze, in 25–30 Minuten schön braun braten.

Dazu gehören Senf – und natürlich mehlige Salzkartoffeln.

Dieses Sauerkraut wird auf andere Weise zubereitet als das Sauerkraut zum Dickbein.

Kartoffelgerichte und herzhafte Eierspeisen

Kartoffeln schätzt man in Thüringen sehr, auch wenn die »Knolle« es seinerzeit schwer hatte, sich Thüringer Boden zu erobern. Groß und mehlig wird sie besonders geliebt. Phantasievoll zusammengestellte, kräftige Kartoffelgerichte sind die traditionellen »Sattmacher« unter allen Thüringer Gerichten. Sie werden beim ganz großen Hunger gereicht. Auf die Kartoffel- und Eierspeisen gehören meist frische Kräuter.

Bauernfrühstück

750 g gekochte Kartoffeln · 20 g Margarine
100 g Räucherbauch · 30 g Zwiebel · Salz · Pfeffer
200–250 g gekochten Schinken · 6 Eier
reichlich frischer Schnittlauch oder frische Gartenkresse

Die Kartoffeln in Scheiben schneiden. In einem großen Tiegel die Margarine erhitzen. Den grob gewürfelten Räucherbauch darin ausbraten. Die geschälte, kleingeschnittene Zwiebel hinzufügen und glasig schwitzen. Dann die Kartoffeln zufügen, mit Salz und Pfeffer würzen. Den gekochten Schinken in Streifen schneiden und unterheben. Alles gut miteinander vermengen. Die Eier in einem hohen Gefäß gut miteinander verrühren. Mit Salz und Pfeffer würzen und über die Kartoffelpfanne gießen. Auf kleinem Feuer stocken lassen. Das fertige Bauernfrühstück auf eine große, vorgewärmte Platte stürzen und dick mit frischem Schnittlauch oder mit gehackter Kresse bestreuen.

Ein richtiges Holzfälleressen, das den großen Hunger braucht. Früher fehlte es auf keiner Speisekarte in den Thüringer Gasthöfen. Es ist auch als kräftiges Abendessen und zur Resteverwertung gut geeignet.

Dazu gehört auf jeden Fall ein frischer Salat: Gurkensalat, Rote-Rüben-Salat oder Saure-Bohnen-Salat.

Warmer Kartoffelspecksalat mit Würstchen

100 ml Gurkenbrühe von eingelegten sauren Gurken
oder verdünnter, mit 1 TL Zucker abgeschmeckter Essig
1 TL Salz · 3 geriebelte Sellerieblätter
750 g Pellkartoffeln · 50 g Zwiebeln · 75 g Gewürzgurken
Pfeffer · 50 g Speck · Petersilie · Schnittlauch
4 Bockwürste oder 4 Paar Wiener

Die Gurkenbrühe mit Salz und den geriebelten Sellerieblättern 10 Minuten leise köcheln lassen. Die gekochten, geschälten, erkalteten Kartoffeln in dünne Scheiben schneiden. Die geschälten Zwiebeln würfeln und dazugeben. Die Gewürzgurke(n) ebenfalls in Würfel schneiden und zufügen. Die heiße Gurkenbrühe auf die Kartoffeln gießen, Pfeffer aus der Mühle frisch darüber mahlen und alles vorsichtig mit zwei Gabeln vermengen. Den kleingewürfelten Speck ausbraten und heiß über den Kartoffelsalat geben. Den Salat warm stellen und durchziehen lassen. Vor dem Servieren mit frischer Petersilie und gehacktem Schnittlauch garnieren.

Die Würstchen in heißem Wasser erhitzen und dazu reichen.

Dieser warme Kartoffelsalat wird im Winter dem kalten Mayonnaisesalat vorgezogen. Er schmeckt sehr kräftig und hält sich auch länger.

Semmelgeräusch

20 g Speck · 20 g Margarine · 60 g Zwiebel
75 g Leberwurst · 375 ml Milch · 125 ml Wasser
1 TL Stärkemehl · 3–4 Eier · 2 TL Majoran · Salz
Pfeffer · Kümmel · 1 Brötchen · Schnittlauch

Den Speck in Würfel schneiden und in der heißem Margarine glasig werden lassen. Die gewürfelte Zwiebel zufügen und kurz dünsten, aber nicht braun braten. Die Leberwurst dazu geben, alles verrühren und bei gelinder Hitze kurz weiter braten.

In dem Milch-Wasser-Gemisch das Stärkemehl, die Eier und Gewürze verquirlen. Das in Würfel geschnittene Brötchen dazu geben. Das gesamte Gemisch in eine Pfanne geben, nicht mehr rühren und stocken lassen, dann in der Backröhre bei gelinder Hitze fest werden lassen.

Nach 10–15 Minuten die Pfanne auf den Tisch stellen und die Masse dick mit gehacktem Schnittlauch oder Gartenkresse bestreuen.

Dazu werden Salzkartoffeln und Gurken-Bohnen-Salat, aber auch Gartensalat gereicht.

Das Gericht wird auch »Semmelessen« oder »Semmelgefülle« genannt.

Speckpfannkuchen mit Salzkartoffeln und Gartensalat

6 Eier · ¼ TL Salz · ⅛ l saure Sahne · 75 g Mehl
¼ l Milch · 50 g Speck · 150 g Schinkenspeck
Schnittlauch oder Gartenkresse

Die Eier trennen. Die Eigelb mit Salz und saurer Sahne verrühren, das Mehl und die Milch hinzufügen und gut verrühren. Die Eiweiß mit einer Prise Salz steifschlagen und unterheben.

In einer großen Pfanne den gewürfelten Speck ausbraten. Die Eierkuchenmasse einfüllen und 10 Minuten bei 180 Grad in der vorgeheizten Herdröhre backen. Dann den in dünne Scheiben geschnittenen Schinkenspeck über den halbfertigen Pfannkuchenteig verteilen und ein wenig ausbraten lassen, so daß das Fett über den Pfannkuchen läuft.

Mit viel Schnittlauch oder gehackter Kresse bestreuen und zu Salzkartoffeln auftragen.

Dazu gehört auf alle Fälle ein frischer Gartensalat. Kartoffeln müssen heute nicht unbedingt dabei sein, früher aß man sie, um satt zu werden. Es reicht auch eine Scheibe Brot.

Kartoffelbrei mit Leberwurst

1 kg Kartoffeln · ½ l Milch · 1 gehäufter TL Salz
frisch gemahlener Pfeffer · 1–2 EL Majoran
400 g einfache Leberwurst · 125 g geschälte Zwiebeln
50 g Speck · 25 g Butter · reichlich Gewürzgurken

Die Kartoffeln schälen und halbieren. Es bleiben etwa 800 g übrig. In Salzwasser weichkochen, das Wasser abgießen und die Kartoffeln im Topf zerstampfen.

Allmählich die Milch unterrühren. Salz, Pfeffer und Majoran dazugeben. Eine Leberwurst in diesem sehr dünnflüssigen Brei aufkochen, in vier Portionen teilen und diese mit dem Kartoffelbrei auf die Teller schöpfen.

Kleine Zwiebel- und Speckwürfel in der Butter knusprig braun braten und direkt auf die Teller geben. Dazu werden Gewürzgurken gegessen.

Kartoffelbrei – die Woch' ist vorbei. Ein uraltes Gericht, das es auch heute noch gibt; früher wurde es an jedem Sonnabend gegessen. Meist kam eine alte, hart gewordene hausschlachtene Leberwurst in den Brei. Heute ißt man auch frische Leberwurst dazu. Dieser Kartoffelbrei ist in Thüringen ganz dünnflüssig, fast eine Suppe. Statt der Gewürzgurken ißt man auch gern rohes Sauerkraut dazu.

Bratkartoffeln mit Hausmachersülze und Roter-Rüben-Salat

1 kg gekochte, geschälte Pellkartoffeln (vom Vortag)
4 EL Öl · 1 große geschälte Zwiebel · 1 TL Kümmel
½ TL Salz · Pfeffer
Für die Hausmachersülze:
1½ kg Eisbein oder Schweinekopffleisch
1 Spitzbein · 1 Lorbeerblatt · 4 Pfefferkörner
2 Nelken · 2 Pimentkörner · 1½ TL Salz · 1 Zwiebel
1 Möhre · 5–6 EL Essig · 2 TL Zucker
Öl · Essig · frisch gehackte Zwiebelwürfelchen oder Remouladensoße
Für den Rote-Rüben-Salat:
2 rote Rüben · 1 l Wasser · Salz · Pfeffer · Essig · Zucker
Kümmel · 1 Tasse Wasser · 2 TL Öl · 1 kleine Zwiebel

Die Kartoffeln mit dem Gurkenhobel oder einer Küchenmaschine in ganz feine Scheiben hobeln. Das Öl in einem Tiegel erhitzen, die Zwiebel in Scheiben schneiden und darin anschwitzen. Die Kartoffelscheiben zugeben, mit Kümmel, Salz und Pfeffer würzen und bei mittlerer Hitze goldgelb braten. Die Bratkartoffeln dürfen keine zu starke Hitze haben, sie werden dann braun und trocken, sollen aber goldgelb und saftig sein.

Die *Hausmachersülze* bereitet man mindestens am Vortag. Das gewaschene und von allen Borsten befreite Fleisch wird mit soviel kaltem Wasser angesetzt, daß es vollständig davon bedeckt ist. Die Gewürze – Lorbeer, Pfefferkörner, Nelken, Piment, Salz und die ungeschälte, gewaschene Zwiebel – werden von Anfang an mitgekocht. Nach 2 Stunden Kochzeit wird die geputzte Möhre zugegeben. Nach etwa 2 ½ Stunden ist das Fleisch gar; es muß sich leicht vom Knochen lösen.

Schwarte und Knochen werden entfernt, das Fleisch noch warm in möglichst gleichmäßige und gleich große Würfel geschnitten. Auch die Möhre würfeln. Beides in eine große Schüssel geben. Von der erkalteten Brühe das Fett abschöpfen. Die Brühe wieder erwärmen und durch ein Sieb gießen. Dabei darauf achten, daß der im Topf unten befindliche »Satz« zurückbleibt. Sonst wird die Sülze nicht klar. Ca. ½ l Brühe mit Essig und Zucker abschmecken und über die Fleisch-Möhren-Würfel gießen. Die Sülze über Nacht erstarren lassen. Dann in dicke Scheiben schneiden, mit Öl, Essig und frisch gehackten Zwiebelwürfeln oder mit Remouladensoße zu den Bratkartoffeln reichen.

Die *roten Rüben* mit der Schale so lange kochen, bis sie weich sind. Noch warm schälen. Vollständig erkalten lassen. Halbieren, mit dem Buntmesser in Scheiben schneiden und in eine Schüssel geben. Die Gewürze in einer Tasse lauwarmen Wassers verrühren. Zu den Rüben geben. Zum Schluß das Öl zufügen und die in Ringe geschnittene Zwiebel.

Kartoffelgerichte und herzhafte Eierspeisen

Gebackene Kartoffelklöße mit weißsaurer Soße

Gebackene Kartoffelklöße mit weißsaurer Soße

Für die gebackenen Klöße:
500 g gekochte Pellkartoffeln · 1 gestrichener TL Salz
Muskat · 100 g Mehl · 30 g Margarine

Für die weißsaure Soße:
20 g Margarine · 20 g Zwiebel · 1 EL Mehl · ½–¾ l Milch
15 g Salz · 1 TL Zucker · 2 EL Essig

Für die Eier:
20 g Margarine oder Butter · 8 Eier
Pfeffer · 20 g Butter · 20 g Speck

Die Kartoffeln pellen und durch die Kartoffelquetsche pressen. Mit Salz und einem Hauch Muskat würzen. Das Mehl zufügen und zu einem Teig verkneten. Eine längliche Rolle von ca. 8 cm Durchmesser formen und davon 12 bis 14 Scheiben abschneiden. Die Klöße in der erhitzten Margarine ca. 10–15 Minuten auf beiden Seiten knusprig braun braten.

Für die Soße Margarine in einem Topf erhitzen, die geschälte, gewürfelte Zwiebel zufügen und glasig dünsten. Das Mehl darin anschwitzen und die kalte Milch zufügen. Alles gut verrühren und einmal aufkochen lassen. Mit Salz und Zucker kräftig abschmecken.

In einem Tiegel mit hohem Rand Butter oder Margarine erhitzen. Die Eier hineinschlagen, mit Pfeffer bestäuben und sofort vorsichtig die weiße Soße darübergießen. Bei gelinder Hitze die Eier fest werden lassen. Erst jetzt den Essig in die Soße rühren und den Tiegel warm stellen. In der Butter den kleingewürfelten Speck ausbraten und über den Eiern verteilen.

Je zwei Eier auf einen Teller geben und die Soße samt Speck darüber verteilen. Die gebackenen Klöße extra reichen.

Die weißsaure »Brüh'« mit den gebackenen Klößen gehört noch heute zu den Standardessen, die wenigstens einmal im Monat auf den Tisch kommen. Zu den gebackenen Klößen wird gelegentlich auch gebratene Blutwurst gegessen; das ist ein ebenso traditionelles Gericht.

Raffiniert einfach: Eintöpfe

Die Thüringer Eintöpfe sind von besonderer Eigenart. So wird beispielsweise das gare Suppenfleisch nicht vom Knochen gelöst und zerkleinert in den Topf gegeben, sondern extra gebraten und gesondert serviert. In diesen leckeren Gerichten lebt die landestypische Tradition sehr stark. Alle Rezepte basieren auf der Erfahrung vieler Generationen. Die Speisen sind von raffinierter Einfachheit und großem Wohlgeschmack. Und nur die schönsten wurden für diese Sammlung ausgewählt.

Feine Thüringer Gartensuppe

Für die Fleischbrühe:
500 g Markknochen vom Rind · 1½ l Wasser
1 geh. TL Salz · 1 kleine Zwiebel · 2 Pimentkörner
1 Stück Möhre · 1 Stück Sellerie · 1 Stück Lauch
Für die Suppe:
100 g Möhre · 100 g Kohlrabi · 3 Sellerieblätter · 1 TL Butter
250 g Feinfrosterbsen · 200 g Spargelstücke
⅛ l Wasser · ¼ TL Salz · 1 Prise Zucker · 1 Ei · 3 EL Milch
1 TL gerebelter Kerbel · 2 Tl Butter · Petersilie

Markknochen gründlich waschen und mit kaltem Wasser ansetzen, zum Kochen bringen. Salz, Zwiebel, Piment und Gemüse zugeben, 2½ Stunden köcheln lassen. Soll die Brühe klar bleiben, keinen Deckel auf den Topf! Durch ein Sieb gießen, das Mark aus den Knochen lösen und zerschneiden, das Knochenfett entfernen.

Inzwischen die Möhren in Würfel und den Kohlrabi in Stifte schneiden, mit den Sellerieblättern, 1 TL Butter und 2 EL Wasser 10–15 Minuten bei geringer Hitze gardünsten. Kurz vor dem Garwerden die gefrosteten Erbsen zugeben. Die in leichtem Salzwasser mit einer Prise Zucker gedünsteten Spargelstücke samt Spargelwasser zum Gemüse geben.

Das in 3 EL Milch verqirlte Ei in die heiße Brühe rühren und kurz aufkochen lassen, es entstehen kleine Eierflöckchen. Das Gemüse in die Brühe geben, mischen, 1 TL Kerbel unterrühren und 20 g leicht gebräunte Butter auf der Suppe verteilen. Mit feingehackter Petersilie bestreuen.

Eine ganz phantastische Suppe. Sie kann als eine vollwertige, sättigende Mahlzeit gereicht werden, wenn 4–5 EL Teigwaren (Sternchen oder Buchstaben) in leichtem Salzwasser weichgekocht, abgespült und danach der Suppe zugesetzt werden.

Süßsaure Linsensuppe

300 g Linsen · 250 g Kasslerfleisch · 50 g Möhre · 50 g Sellerie
1 TL Salz · 150 g Kartoffeln · 20 g Butter · 75 g Räucherbauch
50 g Zwiebel · 1 TL Zucker · 1 TL Majoran · 2 EL Essig

Die Linsen über Nacht in 1 Liter kaltem Wasser einweichen. Am nächsten Tag das Kasslerfleisch 15 Minuten separat in etwas Wasser kochen. Herausnehmen, leicht abkühlen lassen, würfeln und zu den Linsen geben. Die geputzte, kleingeschnittene Möhre, den geputzten, kleingeschnittenen Sellerie und das Salz zufügen und den Linseneintopf weitere 10 Minuten köcheln lassen. Die geschälten, in Würfel geschnittenen Kartoffeln hineingeben. Nochmals 15 Minuten garen lassen. In der heißen Butter den gewürfelten Räucherbauch knusprig und die kleingehackte Zwiebel goldgelb braten. Auf die Linsen geben. Zuletzt mit Zucker, Majoran und Essig abschmecken.

Ein nicht nur in Thüringen geschätzter, klassischer und kräftig-würziger Eintopf!

Thüringer Schnippelsuppe

750 g Fleischrippchen · 1 geschälte Zwiebel

1 kleine Knoblauchzehe · 1 TL Salz · 1/2 Lorbeerblatt

1 Nelke · 2 Pimentkörner · 100 g Kohlrabi · 300 g Möhren

50 g Sellerie · 1 Zwiebel · 1 Porreestange

200 g Blumenkohl · 300 g Rosenkohl · 300 g Kartoffeln

100 g Feinfrosterbsen · Petersilie · 1 TL Brühpulver

20 g Butter · Salz · Pfeffer

In einem großen Suppentopf die gewaschenen Fleischrippchen mit allen Gewürzen in reichlich kaltem Wasser ansetzen, zum Kochen bringen und in 1 1/2–2 Stunden garkochen. Die Brühe durch ein Sieb in einen Suppentopf gießen und dabei alle Gewürzrückstände entfernen. Die garen Rippchen warm stellen.

In die kochende Brühe das geputzte und zerkleinerte Gartengemüse geben: zuerst Kohlrabistifte, Möhrenscheiben, kleingeschnittenen Sellerie und gehackte Zwiebel; 10 Minuten später den in Ringe geschnittenen Porree, die Blumenkohlröschen, den Rosenkohl (große Röschen halbieren) und die geschälten, gewürfelten Kartoffeln. Nochmals 15–20 Minuten kochen lassen. Zuletzt die Erbsen hinzufügen: im Frühsommer frische aus dem Garten, sonst tiefgefrorene mit entsprechend verkürzter Garzeit. Die Suppe mit Salz, frisch gemahlenem Pfeffer aus der Mühle und eventuell etwas Brühpaste abschmecken. Die Butter zerlassen und leicht gebräunt auf den Eintopf geben. Mit gewiegter Petersilie bestreuen. Die heißen Rippchen portionsweise auf Teller geben und den Eintopf darüber schöpfen.

Ein in ganz Thüringen bekanntes Gericht.

Taube mit selbergemachten Nudeln

2 Täubchen · 20 g Salz · 30 g geschälte Zwiebel

Pfeffer · 70 g Butter · 1/2 TL Kerbel · frische Petersilie

Für die Nudeln:

200 g Mehl · 1/4 TL Salz · 2 Eier · 1 EL Salz

Die Täubchen rupfen, ausnehmen, waschen und in heißem Wasser mit dem Salz zum Kochen bringen. Zwiebeln, Kerbel und Pfeffer zugeben. Zugedeckt bei nicht zu starker Hitze 40–50 Minuten kochen lassen. Das Fleisch muß richtig weich sein. Die Brühe durch ein großes Sieb in einen Suppentopf schütten. Die Täubchen im Sieb gut abtropfen lassen.

Für die Nudeln das Mehl in eine Schüssel sieben, eine Vertiefung eindrücken. Eier, Salz und 2 EL Wasser hineingeben. Alles zu einem Teig verkneten, der recht fest sein soll und den ganz dünn ausrollen. Rechteckige Teigstücke schneiden und die im warmen Herd trocknen lassen. Die getrockneten Teigstücke in 4 cm breite Streifen schneiden, davon 4–5 übereinander legen und mit einem sehr scharfen Messer dünne Nudeln davon abschneiden.

In 2 1/2–3 l kochendes Wasser 1 EL Salz geben und

Taube mit selbergemachten Nudeln (S. 61)

die Nudeln darin 5 Minuten leise köcheln lassen. Die Nudeln in einen Durchschlag gießen, mit kaltem Wasser abschrecken, und den Mehlschleim vollständig ablaufen lassen.

Die garen Nudeln in die Täubchenbrühe geben.

Die Butter leicht bräunen. Die gut abgetropften Täubchen darin knusprig braun braten und auf eine Platte legen. Die zurückgebliebene braune Butter auf die Nudeln geben, eventuell mit etwas Brühpulver abschmecken. Mit viel frischer, gehackter Petersilie bestreuen.

Tauben sind ein wertvolles und edles Hausgeflügel. Sie haben einen ganz zarten Geschmack.

Mit gebratener Taube und selbergemachten Nudeln wurden in Thüringen seit jeher die Wöchnerinnen verwöhnt. Die Hausfrau fällt aus, weil sie nach der Geburt das Bett hüten muß. Also springen Verwandte und Nachbarinnen ein und bringen ihr zur Stärkung gebratene Tauben und einen Nudeltopf. Alle haben dieselbe Idee, jeden Tag kommt eine Taube ins Haus.

Spaltenkraut

300 g Räucherbauch oder Kasslerkamm · 1 Zwiebel
½ l Fleischbrühe (oder 1 TL Brühpulver in ½ l Wasser verrührt)
500 g Weißkraut · ½ TL Salz · 2 TL Kümmel
300 g Kartoffeln · 1 EL Essig · Salz · Pfeffer

Den Räucherbauch in Würfel schneiden und in einem breiten Topf ausbraten. Die geschälte, kleingehackte Zwiebel im austretenden Fett anrösten. Die Fleischbrühe aufgießen und 45 Minuten kochen lassen. Das Weißkraut vierteln oder achteln, den Strunk entfernen und in nicht zu feine Streifen schneiden. An die kochende Fleischbrühe geben, Salz und Kümmel zufügen und weitere 10 Minuten kochen lassen. Dann die geschälten, gewürfelten Kartoffeln und den Essig zugeben. Weitere 20 Minuten köcheln lassen. Mit Salz und frischgemahlenem Pfeffer abschmecken.

Ein schnell zubereiteter und schmackhafter Eintopf, der in manchen Gegenden auch gern mit Hammelrippchen zubereitet wird.

Gelber Erbseneintopf

500 g gelbe Erbsen · 1 l Wasser · 150 g Räucherbauch
70 g Zwiebeln · 1½ l Fleischbrühe oder
1½ l Wasser mit 4 TL Brühpulver · 300 g Kartoffeln
½ TL Salz · 50 g Speck · 1 EL Mehl · 1 TL Majoran · 3 TL Essig
Pfeffer aus der Mühle · 2 Bockwürste oder 4 Wiener Würstchen

Die Erbsen über Nacht in 1 l kaltem Wasser einweichen.

Den gewürfelten Bauchspeck in einem breiten Topf bei geringer Hitze langsam ausbraten. Die geschälte, kleingehackte Zwiebel zufügen und goldgelb rösten. Die eingeweichten Erbsen dazugeben. Mit der Hälfte der Fleischbrühe auffüllen und kochen lassen. Nach 10 Minuten Kochzeit die geschälten, gewürfelten Kartoffeln mit ½ TL Salz und dem Rest Fleischbrühe zugeben. Weitere 15 Minuten kochen lassen.

Im Tiegel den gewürfelten Speck zerlassen, die Speckgrieben zu den Erbsen geben und im zurückbleibenden Bratfett 1 EL Mehl braun schwitzen. Unter die Suppe rühren. Mit Majoran, Essig und Pfeffer abschmecken. Die Bockwürste oder Wiener Würstchen in Scheiben schneiden und in der Suppe erhitzen.

In Thüringen sagt man: Koch lieber Speck mit Erbsen als Erbsen mit Speck!

Saure Kartoffelstückchen

750 g Markknochen · 375 g hohe Rippe
oder anderes feines Kochfleisch vom Rind · 1 EL Salz
5 Pfefferkörner · 1 Zwiebel · 1 kleine Möhre · 1 Stück Sellerie
600 g Kartoffeln · 250 g Möhren · 1 Zwiebel
1½ TL Salz · 3 Pimentkörner · 1 Lorbeerblatt
500 g grüne Bohnen · ½ TL Bohnenkraut
80 g Butter · 20 g Mehl · 2 EL Essig · 1 TL Zucker
¼ TL Pfeffer · Petersilie

Die Rinderknochen mit 2½ l kaltem Wasser ansetzen und kochen lassen. Nach 1 Stunde Kochzeit, das Fleisch in die Brühe geben und auch die Gewürze sowie das geputzte Suppengemüse zugeben. Weitere 2 Stunden köcheln lassen. Die Brühe (ca. 1 Liter) durch ein Sieb gießen. Das Fett abschöpfen (Wenn die Brühe über Nacht vollständig abkühlt, läßt sich der fest gewordene Rindertalg besonders leicht entfernen). Das Fleisch in Würfel schneiden und beiseite stellen.

Die Kartoffeln schälen und würfeln. Die Möhren putzen und in Scheiben schneiden. In der Fleischbrühe mit der geviertelten Zwiebel, Salz, Piment und Lorbeer in ca. 25–30 Minuten weich kochen. Am Schluß die in wenig Salzwasser nur mit etwas Bohnenkraut separat gekochten Bohnen zufügen.

In einem Tiegel 30 g Butter zerlassen und 1 EL Mehl darin schön braun schwitzen lassen. Das Braunmehl zu den Kartoffelstückchen geben. Den Eintopf mit Essig, Zucker und frisch gemahlenem Pfeffer würzig abschmecken. Die Fleischwürfel in den heißen Eintopf geben, durchziehen lassen. Die restlichen 50 g Butter leicht gebräunt zum Schluß auf das Gericht geben. Mit gehackter Petersilie auftragen.

Ein sehr bekannter und sättigender Eintopf. Er ist nicht so arbeitsaufwendig, wie es beim Lesen scheint.

Nudeltopf mit Rindfleisch

300 g Rindfleisch (Bug oder hohe Rippe)
2 Pfefferkörner · 1 Nelke · ¼ Lorbeerblatt · 1,5 TL Salz
1 kleines Stück Sellerie · 1 kleines Stück Möhre
1 kleines Stück Porree (je 20 g) · 200 g Möhren · 100 g Kohlrabi
2 Sellerieblätter · 1 TL Brühpulver · 30 g Butter · Petersilie
Für die Nudeln:
200 g Mehl · ¼ TL Salz · 2 Eier
oder 150 g fertig gekaufte Bandnudeln

1½–2 Liter Wasser mit den Gewürzen zum Kochen bringen. Das Rindfleisch dazugeben. Nach 30 Minuten Kochzeit die Brühe abschäumen und das geputzte Suppengrün hinzufügen. 1–1½ Stunden kochen lassen. Wenn das Fleisch weich ist, die Brühe durch ein Sieb in einen Suppentopf gießen. Von der Brühe ¼ l abmessen, in einen kleinen Topf geben und darin die geputzten, gewürfelten Möhren, den geschälten, erst in Scheiben, dann in Stifte geschnittenen Kohlrabi und die grob gehackten Sellerieblätter etwa 15 Minuten kochen. Das weiche Gemüse mit dem Sud zurück in den großen Suppentopf mit der Fleischbrühe geben.

Für die Nudeln das Mehl in eine Schüssel sieben, eine Vertiefung eindrücken. Eier, Salz und 2 EL kaltes Wasser hineingeben. Alles zu einem festen Teig verkneten und ganz dünn ausrollen. Rechteckige Teigstücke schneiden und trocknen lassen. Die getrockneten Teigstücke in 4 cm breite Streifen schneiden, davon 4–5 übereinander legen und mit einem sehr scharfen Messer dünne Nudeln davon abschneiden. In 2½ l kochendes Wasser 1 EL Salz geben und die Nudeln darin 5 Minuten leise köcheln lassen. Die Nudeln in einen Durchschlag gießen, mit kaltem Wasser abschrecken und den Mehlschleim vollständig ablaufen lassen.

Die Nudeln in die Fleischbrühe geben. Das Fleisch

Raffiniert einfach: Eintöpfe

würfeln und dazugeben. Mit Salz und Brühpulver abschmecken. Die Butter bräunen und über den Nudeltopf schöpfen. Mit reichlich gehackter Petersilie bestreuen.

Ein klassischer, immer wieder beliebter Eintopf!

»Geschneet« mit Gemüsereis

1 Geflügelklein (Flügel, Hals, Leber, Herz und Magen von 1 Pute, Gans oder Ente)

1 TL Salz · Pfeffer · 1 Zwiebel · 1 Knoblauchzehe

2 Sellerieblätter · 30 g Sellerie

30 g Möhre · 100 g Butter · Petersilie

300 g Blumenkohl · 2 Kohlrabi · 200 g Möhren

30 g Butter · 1/2 Zwiebel · 2 frische Sellerieblätter oder 1 TL getrocknetes, gerebeltes Selleriekraut

10 g Salz

1 Tasse Reis (8 EL; 2 EL je Person)

Für den Eierstich:

1 Ei · 2 EL Milch · 1 Prise Salz · 1 Prise Muskat

2 TL Margarine zum Einfetten des Töpfchens

Das Geflügelklein waschen und mit soviel Wasser ansetzen, daß es von der Flüssigkeit bedeckt ist. Salz, Pfeffer, die geschälte Zwiebel und die geschälte Knoblauchzehe zugeben; nach 30 Minuten Kochzeit auch den geputzten Sellerie und die geputzte Möhre hinzufügen. Insgesamt 60 Minuten zugedeckt kochen lassen. Zwischendurch die Brühe immer wieder abschäumen und frisches Wasser zugeben; das Geflügelklein soll stets bedeckt sein. Ist das Fleisch gar, die Brühe durch ein Sieb in einen Suppentopf gießen. Das Geflügelklein gut abtropfen lassen.

Inzwischen den in Salzwasser gewässerten Blumenkohl in Röschen zerteilen und in 1/2 l Wasser mit einer Messerspitze Salz bei nicht zu starker Hitze 15–20 Minuten kochen.

Den Kohlrabi schälen, waschen, erst in Scheiben, dann in Stifte schneiden. Die Möhren putzen, waschen und in Scheibchen schneiden. Beide Gemüsesorten zusammen in 30 g Butter andünsten, gehackte Zwiebel, Selleriekraut, Salz und 1/4 l Wasser zugeben. In 25–30 Minuten weich kochen.

Den Reis in reichlich kaltem, leicht gesalzenem Wasser ansetzen und in 10–20 Minuten weich kochen. Den Reis in ein großes Sieb oder einen Durchschlag schütten und mit kaltem Wasser abschrecken, so daß der Reisschleim abläuft.

Den Reis und das Gemüse in die Geflügelbrühe geben. Ist die Suppe zu dick, mit etwas Blumenkohlwasser auffüllen.

Für den Eierstich Ei, Milch, Salz und Muskat gut verquirlen. Die Masse durch ein Sieb in ein gut eingefettetes, kleines Töpfchen gießen. Das Töpfchen zugedeckt in einen breiten Topf mit so viel heißem Wasser stellen, daß das Töpfchen zu zwei Dritteln im Wasser steht. Das Wasserbad bei gelinder Hitze 20–30 Minuten sehr heiß halten, aber nicht sprudelnd kochen lassen. Den Eierstich vollständig abkühlen lassen, vorsichtig aus dem Töpfchen stürzen (eventuell vorher mit einem Messer an den Rändern entlang fahren), in feine Streifen schneiden und in den Gemüsereis geben.

Das gut abgetropfte Geflügelklein in 70 g gebräunter Butter von beiden Seiten knusprig braun braten. Die verbliebene Butter zerlassen und mit der fein gehackten Petersilie auf den Reis geben. Das Geflügelklein auf einer Extra-Platte servieren.

»Geschneet« ist alles, was vom Geflügel vor dem Braten »abgeschnitten« wird, also das Geflügelklein.
Sehr schön sieht der Gemüsereis aus, wenn Ihm

»Geschneet« mit Gemüsereis

etwas Eierstich beigegeben wird. Ein weithin bekanntes Gericht, das es immer vor oder nach den Feiertagen gibt.

Chursdorfer Kartoffelsuppe mit Speck

600 g Kartoffeln · 300 g Möhren · 100–200 g Kohlrabi
100 g Sellerie · 2 Sellerieblätter oder 1 EL getrocknetes, gerebeltes Selleriekraut · 100 g Zwiebel · 20–25 g Salz
3 Nelken · 6 Pfefferkörner · 4 Wacholderbeeren · 3 Pimentkörner
1 Lorbeerblatt · 1 Spur Pfeffer · 1 gehäufter EL Majoran
4 Bockwürste oder Wiener · 40 g Butter
40 g Speck · Petersilie

Kartoffeln schälen und würfeln. Möhren, Kohlrabi und Sellerie putzen und in kleine Stücke schneiden. Gewürze zugeben. Alle Zutaten in reichlich 1 Liter Wasser ganz weichkochen und dann miteinander verquirlen, so daß eine nicht zu dünnflüssige Suppe entsteht. Nicht durch ein Sieb drücken und auch nicht cremig schlagen; an den kleinen Gemüsebröckchen muß man noch erkennen, daß die Suppe original zubereitet wurde und was alles drinnen ist. Die Gewürze in der Suppe lassen, aber möglichst fein zerdrücken. Die gewaschenen Würste in der Kartoffelsuppe heiß machen.

Die Butter in einem Tiegel zerlassen, den gewürfelten Speck darin ausbraten und beides über die Suppe geben. Gehackte Petersilie aufstreuen.

Kartoffelsuppe wird in jedem Dorf ein wenig anders zubereitet. Früher galt sie als »Arme-Leute-Essen«; es gab keine Wurst in die Suppe, höchstens einen Löffel Speckwürfel zusätzlich. Heute ist die Chursdorfer Kartoffelsuppe ein sättigender Eintopf, der phantastisch schmeckt. Er muß gut »durchziehen« und schmeckt aufgewärmt am besten.

Kirmes oder Kirchweihfest

Die Kirmes war und ist das größte Fest der Bauern. Von Anfang Oktober bis Ende November, wenn die Ernte unter Dach und Fach ist, lädt sich die gesamte Verwandtschaft reihum zur jeweiligen Kirchweih ein. Früher wurde drei Tage lang Kirmes gefeiert. Heutzutage spielt sich alles meist am Sonntag ab. Traditionelle Gerichte zur Kirmes sind der in Butter schwimmende Festtagskarpfen und Entenbraten. Denn im Herbst wurden die Teiche abgefischt, die flüggen Enten geschlachtet und meist noch eine Kirmessau dazu. Auch Wild wurde gereicht. Übrigens: Zum Festtagskarpfen gehören Thüringer Klöße!

Wildente in Sahnesoße

2 Wildenten (ca. 2 kg) · 2 TL Salz · Pfeffer
½ TL Rosmarin · 30 g Margarine · 30 g Speck
30 g Butter · 1 Zwiebel (ca. 50 g) · 2 Wacholderbeeren
100 g Schmand · 100 g saure Sahne · 2 TL Speisestärke

Die ausgenommenen, gesäuberten, gewaschenen Enten trockentupfen. Mit Salz, Pfeffer und gerebeltem Rosmarin einreiben. In einer großen Bratpfanne die Margarine mit den Speckscheiben erhitzen. Die Enten zufügen und ringsum schön braun anbraten. Die Butter zerlassen und ab und zu etwas davon über den Braten gießen. Wenig Wasser zugeben, die geschälte, geviertelte Zwiebel und die zerdrückten Wacholderbeeren zufügen und mitbraten. Immer wieder den Bratsatz mit wenig Wasser lösen, dann die Flüssigkeit wieder »einbrutzeln« lassen. Die Soße aus der Pfanne in einen kleinen Topf schöpfen, das oben schwimmende Bratfett wieder zurück in die Pfanne geben. In diesem Bratfett die mit dem Schmand verquirlte saure Sahne braun schmoren. Die Soße zurück in die Pfanne geben, heißes Wasser auffüllen und die Wildenten zugedeckt in der vorgeheizten Herdröhre ca. 1 Stunde bei 220 Grad Celsius garschmoren. Dabei den Braten öfters mit der Soße begießen. Die Vögel auf eine vorgewärmte Platte setzen und portionieren oder auch erst bei Tisch tranchieren. Die Soße mit 2 TL in kaltem Wasser angerührter Speisestärke nicht zu dickflüssig abbinden und vor dem Servieren durch ein Sieb geben.

Dazu schmecken Thüringer Klöße und Rotkraut.

Einer der schönsten »wilden Braten« sind Wildenten. Sie werden vorwiegend zur Jagdzeit im Herbst angeboten.

Festtagskarpfen im Gemüsebett

1 Karpfen (ausgenommen ca. 1,5 kg) · 25–30 g Salz
250 g Möhren · 80 g Sellerie · 80 g Kohlrabi · 60 g Zwiebel
10 kleine Pfefferkörner · 3 Nelken · 4 Wacholderbeeren
3 Pimentkörner · 1 Lorbeerblatt · 100 g Schmand
1 Tasse helles Bier · 250 g Butter · 1 TL Mehl
20 g Soßenkuchen

Vom selber geschlachteten Karpfen das Blut in einer Schüssel auffangen, mit 1 TL Essig und 3 EL Wasser verrühren und zur Soße verwenden!

Den Karpfen in 4 bis 6 Stücke teilen und die Innenseiten einsalzen. Die geputzten, in Scheiben geschnittenen Möhren, den in kleine Scheiben geschnittenen Sellerie, den ebenfalls in Scheiben geschnittenen Kohlrabi (keine Stifte!), die in Würfel geschnittene, geschälte Zwiebel und die Gewürze in eine breite Pfanne geben. ½ Liter kochendes Wasser darübergießen. Den Schmand im Bier verquirlen und dazugeben. Verrühren und aufkochen lassen. Die eingesalzenen Karpfenstücke nebeneinander auf das Gemüse legen. 50 g Butter zerlassen, bräunen und über den Karpfen geben. Die Pfanne zudecken. Den Karpfen ½ Stunde köcheln lassen. Dann in die vorgeheizte Herdröhre schieben und zugedeckt eine weitere halbe Stunde bei 150 Grad gardünsten, anschließend ohne Deckel 5 Minuten im abgeschalteten Herd stehenlassen. Dann den Karpfen auf eine Platte heben und warm stellen.

Die restliche Butter zerlassen und dabei braun werden lassen. Ständig rühren, damit sie nicht verbrennt. Die braune Butter vorsichtig in ein Kännchen gießen. In dem zurückbleibendem Butterfett Mehl und Soßenkuchen verrühren und mit dem Kochsud auffüllen; im Höchstfall soll ½ Liter Soße entstehen. Den auf seiner Platte liegenden Karpfen ringsum mit dem gekochten Gemüse garnieren. Auf jedes Karpfenstück einen guten Eßlöffel braune Butter gießen. Der Karpfen muß vor Butter glänzen! Das restliche Gemüse in eine kleine Schüssel geben und mit 1 Eßlöffel brauner Butter überglänzen. Den letzten Rest braune Butter auf die Soße gießen. Die Soße soll dünnflüssig, aber nicht wäßrig sein. – Dazu werden Thüringer Klöße gegessen.

Das ist das beste Karpfenrezept unserer Region! Karpfen muß eine halbe Stunde weichkochen und eine weitere halbe Stunde »festkochen«. Er braucht viel Butter! Auf drei Pfund Fisch rechnet man ein Stück Butter.

Kürbiskompott

1,5 kg Kürbis (gewürfelt)
1 l Wasser · 200–250 g Zucker
1 TL Salz · 3 Stangen Zimtrinde · 8 Nelken · 4–5 EL Essig

Den Kürbis in Streifen schneiden, diese von der harten Schale und dem weichen Inneren befreien. Das feste Fruchtfleisch in Würfel schneiden. Reichlich 1 Liter Wasser in einen großen Topf geben. Zucker, Salz, Zimt, Nelken und Essig hinzufügen und aufkochen lassen. Die Kürbiswürfel in die kochende Flüssigkeit geben, so viel Wasser auffüllen, daß der Kürbis vollständig bedeckt ist, und 5–10 Minuten kochen lassen. Der Kürbis soll glasig aussehen und nicht zu weich sein. Er muß noch »Biß« haben. Abkühlen lassen und kalt servieren.

Selleriesalat

250 g geputzten Sellerie · 60–70 g Zucker · ½ TL Salz
2 EL Essig · 250 ml Wasser

Den Sellerie in nicht zu dünne Scheiben schneiden. Die Scheiben mit Zucker, Salz und Essig in ¼ Liter Wasser geben und in 20–30 Minuten weich kochen. Der Sellerie soll süß schmecken und nur wenig dickflüssige Soße haben.

Selleriesalat und Kürbiskompott gehören von alters her zum Karpfen – wegen ihres Wohlgeschmacks, aber auch wegen der verdauungsfördernden Wirkung!

Thüringer Fischküche

Bachforellen und Flußkarpfen sind noch heute in Thüringen zu finden. Darüber hinaus hatten die wohlhabenderen Bauern meist eigene Fischteiche. Forelle und Karpfen sind demnach auch die Favoriten der Fischküche. Seefisch hat hier keine Kochtradition. Nur der Salzhering fand seinen Weg auch in die Bergwelt Thüringens. Er wird hier – wie überall – mariniert, das aber mit viel guter Thüringer Sahne...

Gebratene Forellen mit Kartoffelstampf

4 kleine Forellen · Salz · Pfeffer · Zitronensaft
4 Stengel Rosmarin · 2 EL Semmelmehl · 2 EL Mehl · 100 g Butter
Sahnemeerrettich (fertig kaufen) oder 1 Tasse Sahne und
75–100 g geriebener Meerrettich
Essig · Zucker · Salz
Für den Kartoffelstampf:
1 kg geschälte halbierte Kartoffeln · ¼ l Milch
1 TL Salz · 1–2 TL Butter

Die ausgenommenen Forellen waschen, innen und außen mit Salz und Pfeffer einreiben, mit Zitronensaft beträufeln, in jeden Fischbauch längs einen Stengel Rosmarin legen. Die Forellen im Semmelmehl-Mehl-Gemisch wenden und in eine Bratpfanne legen, mit zerlassener Butter begießen und im Herd bei 225 Grad 20–25 Minuten braten lassen. Den Sahnemeerrettich extra reichen.

Die Kartoffeln in wenig Wasser weich dünsten. Das Wasser abgießen. Die Kartoffeln zu Brei stampfen. Die heiße Milch, Salz und Butter zugeben und zu einem glatten Brei rühren.

Dazu schmeckt Rapunzelsalat.

Stampf ist eine etwas altmodische Bezeichnung für Kartoffelpüree. Er darf nicht mit dem fast dünnflüssigen Thüringer Kartoffelbrei verwechselt werden.

Thüringer Bachforellen, blau gekocht

4 Forellen (insgesamt ca. 1,5–2 kg) · 2 l Essigwasser
150 g Möhren · 50 g Sellerie · 50 g Zwiebel · 1 TL Salz
5 Pfefferkörner · 2 Pimentkörner · ½ Lorbeerblatt
½ Glas Weißwein oder 1 Spritzer Zitrone
60–80 g Butter · ½ TL Mehl

Die gesäuberten, gewaschenen Forellen mit starkem, siedendem Essigwasser übergießen und zugedeckt ca. 10–15 Minuten stehen lassen, damit sie »blau« werden. Dann den Essig abgießen.

Möhren und Sellerie putzen und in Scheiben schneiden; die Zwiebel schälen und in Ringe schneiden. Das Gemüse mit Salz, Pfefferkörnern, Piment und Lorbeer in eine Pfanne geben, mit reichlich ½ l heißem Wasser 15 Minuten vorkochen, dann den Wein (oder Zitronensaft) hinzugeben und die vorbereiteten Forellen in

Thüringer Fischküche

Gebratene Forellen mit Kartoffelstampf

den Würzsud legen. Vorsicht, nicht die Haut verletzen! Die Forellen zugedeckt kurz aufkochen und dann 20–25 Minuten bei geringer Hitzezufuhr garziehen lassen. Zwischendurch immer wieder mit der Flüssigkeit beschöpfen, dann ziehen sie besser durch. Die Butter in einem kleinen Töpfchen zerlassen. 2 TL davon wegnehmen, in einen kleinen Tiegel geben und darin ½ TL Mehl verrühren. Die knappe Fischbrühe zugeben, so daß eine ganz leicht gebundene Soße entsteht.

Die Forellen mit der zerlassenen hellen Butter und dem mitgekochten Gemüse auftragen.

Dazu gehören Salzkartoffeln und ein frischer Salat.

Nur ganz frisch geschlachtete Forellen lassen sich »bläuen«!

Weidaer »Karpfen blau« mit Klößen

1,5 kg Karpfen · ¼ l starkes Essigwasser
50 g Zwiebel · 50 g Sellerie · 50 g Möhre
½ Stengel Porree · 1 Petersilienwurzel
½ l Wasser · 10 Pfefferkörner · 3 Nelken
1 Lorbeerblatt · 25 g Salz
1 Glas Weißwein · 200–250 g Butter · ½ TL Mehl

Den ausgenommenen, gesäuberten Karpfen in Portionsstücke teilen, auf eine Platte legen und mit siedendem, etwas verdünntem Essig übergießen. Den Essig sofort wieder abgießen, sonst wird der Karpfen sauer. Die Karpfenstücke zum Bläuen 15 Minuten in Zugluft stellen.

Zwiebel schälen und in Ringe schneiden, Sellerie, Möhre, Porree und Petersilienwurzel waschen, putzen und würfeln. Das Gemüse mit ½ Liter Wasser und den Gewürzen in einen ausreichend großen Topf geben, zum Kochen ansetzen und 10 Minuten kochen lassen. Den gebläuten Karpfen auf der Unterseite salzen und auf das Gemüse setzen. Den Weißwein zugießen, Topfdeckel auflegen und zugedeckt ½ Stunde leise köcheln lassen. Dann in die Röhre geben und nochmals ½ Stunde bei 175 Grad garen lassen; die letzten 10 Minuten ohne Deckel. Den Karpfen auf eine vorgewärmte Platte heben und mit reichlich zerlassener Butter begießen. Die Fischbrühe durch ein Sieb in einen kleinen Topf abgießen, dabei das mitgekochte Gemüse samt Gewürzen durchs Sieb drücken und nochmals aufkochen lassen. Die Soße mit in kaltem Wasser angerührtem Mehl leicht binden. Auf diese Soße ebenfalls zerlassene Butter geben.

Dazu werden Rotkraut und Thüringer Klöße gereicht.

Ein gutes Gericht, an den Festtagskarpfen zur Kirmes reicht es aber nicht heran.

Marinierter Hering

800 g Salzheringfilets · ½ l Milch zum Einlegen
1–2 EL Mayonnaise · 2 EL Schmand · 2 EL saure Sahne
1 Tasse Milch · 1 TL Senf · 1 Lorbeerblatt
3 Pimentkörner · 3 Wacholderbeeren
1 Prise getrockneter, gerebelter Estragon · 1 Msp. Pfeffer
½ Tasse Gurkenbrühe von eingelegten sauren Gurken
1 kleiner säuerlicher Apfel · 1 Zwiebel
2 Gewürzgurken · 1 Stück rohe Möhre · Essig · Zucker · Salz

Werden ganze Salzheringe gekauft (reichlich 1 kg), sind diese über Nacht zu wässern, dann auszunehmen, von Haut und Gräten zu befreien, also zu filetieren. Bei fertig gekauften Salzheringfilets entfallen diese Arbeitsgänge; sie werden nur 1–2 Stunden in Milch gelegt.

Thüringer Fischküche

Die Filets in Stücke schneiden oder auch nur halbieren. Mayonnaise, Schmand, Sahne und Milch miteinander verquirlen, die Gewürze zugeben und die Gurkenbrühe unterrühren. Apfel und Zwiebel schälen und wie die Gurken in feine Würfel schneiden. Die Möhre raspeln und dazugeben. Die Hälfte dieser würzigen Remoulade in eine Schüssel geben. Die Heringsfilets darauflegen und mit der restlichen Remoulade bedecken. Über Nacht durchziehen lassen. Erst danach mit Essig, Zucker, eventuell auch mit etwas Salz abschmecken.

Dazu Pellkartoffeln und ein frischer Salat.

Seefisch wird in Thüringen kaum verarbeitet. Früher waren einfach die Wege von der Küste zu lang, und er konnte nicht frisch in die Dörfer kommen. Nur der Salzhering fand selbst im Bergland Freunde. So zubereitet ist er zart, sahnig und würzig.

Geflügel, Wild und Kaninchen

In einer vorwiegend bäuerlichen Region, in der ein guter Braten über alles geschätzt wird, hat sich eine reichhaltige Geflügel- und Wildküche entwickelt. Auch hier wird viel auf den Eigengeschmack des Fleisches gesetzt und sparsam gewürzt. Bei »fetten« Braten wie Gans und Ente muß ständig das Fett abgeschöpft werden, sonst bräunt die Soße nicht. Hasen und Kaninchen werden meist vor dem Braten portioniert. Geflügel oder Wild im ganzen bereitet man am Tag vor dem Verzehr zu, schneidet das Fleisch kalt auf und erwärmt es vor dem Servieren nur kurz. Besonders lecker sind die Füllungen.

Entenbraten

1 Ente (ca. 2 kg) · 20 g Salz · Pfeffer
2 kleine Stengel Beifuß · 1 kleiner Apfel
1 kleine Zwiebel · 1–2 TL Stärkemehl

Die Ente genau ansehen, eventuell innen und außen noch säubern. Unbedingt nachschauen, ob die grün aussehende Gallenblase entfernt ist; sollte sie noch vorhanden sein, sehr vorsichtig auslösen, sie darf dabei auf keinen Fall platzen. Den Bürzel abschneiden, die in ihm enthaltenen Drüsen lassen das Gericht tranig schmecken. Hals und Flügel abschneiden und für Geflügelklein beiseite stellen. Die Ente gründlich waschen und trockentupfen. Innen und außen mit Salz einreiben. Leicht pfeffern. 2 kleine Stengel Beifuß in den Bauch der Ente geben, dazu 1 kleinen ganzen, ungeschälten Apfel (nur die Blüte ausschneiden!). In einer Gänsebratpfanne $\frac{1}{2}$ l Wasser zum Kochen bringen. Die Ente mit der Brustseite hineinlegen und so eine halbe Stunde bei gelinder Hitze dünsten lassen, damit sich das Fett löst. Dann die Herdröhre vorheizen und die Ente in offener Pfanne bei 250 Grad 60–90 Minuten braten. Immer wieder ein wenig Wasser nachgießen und den Bratsatz vom Pfannenboden und von den -rändern lösen. Die Ente öfters mit Bratflüssigkeit übergießen, damit sie schön saftig wird. Ist die Ente sehr fett, das austretende Bratfett abschöpfen; sonst wird auch die Soße nicht braun. In der Mitte der Bratzeit die geschälte Zwiebel ganz hinzufügen.

Die gare Ente aus der Pfanne heben, Apfel und Beifuß entfernen, portionieren und mit der Hautseite nach oben wieder in die Pfanne legen und in die heiße Röhre schieben. Die erhitzten Stücke mit kaltem Wasser beträufeln, so wird die Haut schön knusprig und kross. Die Ente auf einer vorgewärmten Platte anrichten. Den Bratsatz durch ein Sieb abgießen, dabei die Zwiebel entfernen. Die Soße mit etwas kalt angerührter Speisestärke abbinden.

Dazu Thüringer Klöße, Rotkraut und Wirsing reichen.

Zu beachten ist, daß selbstaufgezogene Enten längere Bratzeiten bei niedrigeren Temperaturen (ca. 2 Stunden bei 200–220 Grad!) haben als die tiefgefrorenen aus dem Handel. Die bekommen übrigens durch Zugabe von $\frac{1}{2}$ Knoblauchzehe einen angenehmen Geschmack. Streut man dazu am Anfang eine kleine Prise Majoran über die Ente, nimmt das den kieligen Geschmack.

Geflügel, Wild und Kaninchen

Gefülltes Hähnchen in Sahnesoße

1 Hähnchen · 150–200 g Hackfleisch · ½ Brötchen
1 Ei · 2 TL Salz · Pfeffer · 20 g Butter · 30 g Margarine
20 g Speck · 1 Stengel Beifuß · 1 Stengel Thymian · 60 g Zwiebel
100 g saure Sahne · 100 g Schmand · 1–2 TL Speisestärke

Das Hähnchen waschen, dabei nach der Galle sehen und sie, wenn noch nötig, entfernen. Innen und außen trockentupfen.

Das Gehackte mit dem eingeweichten und ausgedrückten Brötchen, dem Ei, Salz und Pfeffer (bei ungewürztem Gehackten!) vermischen und gut durchkneten. Den Bauch des Hähnchens damit füllen. Mit Sternzwirn und einer Nadel zunähen.

Das Hähnchen außen mit Salz und Pfeffer einreiben. Butter, Margarine und Speckscheiben in einer ausreichend großen Bratpfanne erhitzen. Das Hähnchen in diesem Fettgemisch von allen Seiten schön knusprig braun anbraten. Beifuß, Thymian und die geschälte, halbierte Zwiebel zufügen. Immer wieder Wasser zugeben und »einbrutzeln« lassen, bis ein schöner brauner Bratfonds entstanden ist. ¼ l Wasser zugeben, durchkochen lassen. Das Hähnchen kurz aus der Pfanne nehmen, den Bratfonds in ein kleines Töpfchen abgießen. Das Fett abschöpfen und zurück in die Pfanne geben. Saure Sahne und Schmand zufügen und das ganze so lange auf dem Herd »braten« lassen, bis eine hellbraune Sahnesoße entstanden ist. Hähnchen und Bratfonds wieder zugeben, so viel Wasser auffüllen, daß der Braten zur Hälfte davon bedeckt ist. Die Herdröhre auf 250 Grad vorheizen, das Hähnchen hineinschieben, auf 175 Grad zurückstellen und in 1–1½ Stunden zugedeckt weich braten.

Das Hähnchen etwas erkalten lassen, portionieren, mit der Hautseite nach oben nochmals in die Pfanne geben und diese offen in die heiße Herdröhre stellen. Nochmals überbräunen lassen, dabei ständig mit dem Bratfonds begießen.

Das Hähnchen auf einer vorgewärmten Platte anrichten. Die Soße mit Speisestärke binden (kalt anrühren!) und abschmecken.

Dazu gehören Thüringer Klöße und Rotkraut.

Ein vollkommenes Gericht, herzhaft und sahnig. Als Sonntagsmenü sehr zu empfehlen.

Gefüllte Tauben

4 junge Täubchen · 2 TL Salz · 30 g Margarine
30 g Speck · ½ TL Salz · 20 g Butter · 150 ml süße Sahne
100 ml Schmand · 2 TL Speisestärke
Für die Füllung:
30 g Butter · 20 g Zwiebel · ½ Brötchen · Leber,
Mägen und Herzen der Tauben · 2 Eier · ½ TL Salz
1 TL gehackte Petersilie · 1 Spur Muskat

Die Täubchen rupfen und ausnehmen. Mägen (aufgeschnitten und von der inneren festen Haut befreit), Leber und Herzen für die Füllung beiseite stellen. Die Tauben waschen, trockentupfen und mit Salz einreiben.

Für die Füllung die Butter erhitzen und darin die geschälte, kleingeschnittene Zwiebel andünsten. Das eingeweichte, wieder ausgedrückte Brötchen sowie die feingewiegten Mägen, Lebern und Herzen der vier Tauben dazugeben und durchrühren. Alles zusammen 5–10 Minuten bei leichter Hitze schmoren lassen. Den Topf vom Herd nehmen. Die Eier unter die Masse rühren, Salz, Petersilie und Muskat zufügen und so lange rühren, bis alles gebunden ist.

Die Tauben damit füllen. Anschließend die Bauchöffnung mit Sternzwirn zunähen. Die Tauben in dem heißen Margarine-Speck-Gemisch schön anbraten. Immer wieder Wasser zugeben und »einbraten« lassen, bis ein kräftiger Bratfonds entstanden ist. Dann heißes Wasser zugießen, die Tauben mit der zerlassenen Butter begießen und in der vorgeheizten Röhre bei 175 Grad ca. 30–40 Minuten in der offenen Pfanne braten lassen. Dabei öfters heißes Wasser zugießen und den Bratsatz lösen. Die Tauben während des Bratens von einer Seite auf die andere drehen. Nach 40 Minuten die Röhre abschalten und die Tauben »nachgaren« lassen. Dann die gebratenen Vögel aus der Pfanne nehmen, den Bratfonds abgießen und im zurückbleibenden Fett die Sahne anschmoren, bis sie bräunlich ist. Dann Soße und Braten zurück in die Pfanne geben, noch etwas Wasser zufügen und kurz erhitzen. Mit der in kaltem Wasser angerührten Speisestärke binden.

Dazu werden Thüringer Klöße und Wirsing oder Rotkraut gereicht.

Ungefüllte Tauben werden genauso gebraten, nur geht das etwas schneller.

Täubchen in Eiersoße auf Oberländer Art

4 Täubchen · 2 TL Salz · $1/2$ l Wasser · 1 kleine Zwiebel
100 g Butter oder Margarine
Für die Soße:
1 TL Mehl · 1 Ei · $1/4$ Tasse Milch · 2 Scheiben Brötchen · 1 TL Butter

Die gerupften, ausgenommenen und gewaschenen Täubchen innen und außen mit Salz bestreuen, in eine kleine Pfanne legen und mit heißem Wasser begießen. Bei nicht zu starker Hitze langsam garkochen. Die Wassermenge kontrollieren, eventuell nachfüllen; sie sollte aber $1/2$ Liter nicht überschreiten. Nach 10 Minuten Kochzeit die geschälte Zwiebel zugeben. Sind die Täubchen nach 30–40 Minuten gar, die Brühe durch ein Sieb abgießen und beiseite stellen. Die Täubchen abtropfen lassen.

Die Butter in einem breiten Tiegel erhitzen und leicht bräunen lassen. Die Täubchen ringsum knusprig braun braten. Dann auf einer Platte warm stellen.

Für die Soße in der verbliebenen Bratbutter 1 TL Mehl leicht anschwitzen und die Brühe auffüllen. Durchkochen lassen. Das in der Milch angerührte Ei zugeben und nicht mehr kochen lassen, weil sonst die Soße flockig wird. Die Brötchenscheiben in Würfel schneiden, in der Butter anrösten und zur Soße reichen.

Dazu werden Halbseidene Klöße gegessen. Am Sonntag gehören natürlich Thüringer Klöße dazu.

Ein vor allem im Thüringer Oberland weithin bekanntes Gericht.

Hähnchen in würziger Soße auf Knausche Art

1 Hähnchen · 1 Knoblauchzehe · 20 g Salz · Pfeffer
Rosenpaprika · 50 g Margarine · 20 g Butter
50 g Räucherbauch · 1 Stengel Beifuß · 60 g Zwiebel
1 TL Mehl · $1/2$ TL Stärkemehl

Das gewaschene und abgetrocknete Hähnchen in vier Teile zerteilen, mit der halbierten Knoblauchzehe einreiben, salzen, pfeffern und mit Paprika bestäuben. Margarine, Butter und in Scheiben geschnittenen Speck in einer Gänsebratpfanne erhitzen. Die Stücke mit der Bauchseite nach unten hineinlegen. Anbraten. Dabei immer wieder heißes Wasser zugießen und den Brat-

Täubchen in Eiersoße auf Oberländer Art

satz lösen, dann »einbraten« lassen, erneut auffüllen und so weiter und so fort. Ist der Bratsatz schön braun, die Knoblauchzehe, Beifuß und die halbierte Zwiebel zufügen, kurz anbraten lassen und dann mit so viel heißem Wasser auffüllen, daß das Hähnchenfleisch zur Hälfte bedeckt ist. In die auf 250 Grad vorgeheizte Röhre schieben und zugedeckt 1 Stunde braten lassen. Zwischendurch immer wieder den Bratsatz über die Fleischstücke schöpfen und bei Bedarf heißes Wasser nachfüllen. Die Soße soll nicht mehr als ½ Liter Flüssigkeit haben.

Die garen, knusprigen Hähnchenstücke auf eine Platte legen und warm stellen. Den Bratsatz vom Pfannenrand her in die Mitte kratzen und die Soße durchs Sieb in einen kleinen Topf gießen. Gewürze, Speck und Zwiebel durchs Sieb drücken. Die Soße mit in kaltem Wasser angerührtem Mehl und Stärkemehl verrühren und kurz aufkochen lassen.

Zu diesem herzhaften Sonntagsessen Thüringer Klöße und Sauerkraut servieren.

Hühnerfrikassee mit Gemüse

1 Suppenhuhn oder Hähnchen (ca. 1 kg) · 60 g Butter
50 g Zwiebel · 1 Scheibe Zitrone · 1 TL Salz
½ TL Thymian · ¼ TL Basilikum · Estragon
2 EL Mehl · 100 ml Weißwein · 2 Eigelb
1 Prise Zucker · 100 g Feinfrosterbsen
150 g Spargelabschnitte (Konserve)

Huhn oder Hähnchen waschen und in vier Teile schneiden. Die Hälfte der Butter zerlassen und das Hähnchen dazugeben. Die geschälte, geviertelte Zwiebel dazugeben, die Zitronenscheibe (die ganze Frucht vorher gründlich unter heißem Wasser abbürsten!), das Salz und die Gewürze zufügen. So viel heißes Wasser zugießen, daß die dicht beieinander liegenden Hühnerstücke zu zwei Dritteln davon bedeckt sind. Zugedeckt 30–40 Minuten leise kochen lassen, bis das Fleisch weich ist. Die Brühe durch ein Sieb gießen, 3–4 EL von der Spargelbrühe aus der Konserve dazugeben.

In der restlichen Butter das Mehl hell anschwitzen und unter die Hühnerbrühe rühren. Den Weißwein zufügen und alles aufkochen lassen. Den Topf vom Herd nehmen, etwas abkühlen lassen und die Eigelb unterziehen. Erneut erhitzen, aber nicht mehr kochen lassen! Mit 1 Prise Zucker abschmecken.

Das Fleisch von der Haut und den Knochen lösen, in mundgerechte Stücke schneiden und in eine Schüssel geben. Darüber die erhitzten Spargelstücke und die separat in wenig Salzwasser gegarten Erbsen anrichten. Die Soße darübergießen.

Dazu wird Reis gegessen und ein frischer Salat.

Eine zarte, wohlschmeckende Speise. Auf gleiche Weise wird auch Kalbsfrikassee zubereitet.

Hähnchen in Kohlrabisoße

1 Hähnchen · 2 TL Salz · Pfeffer · ½ l Wasser
1 Zwiebel · 100 g Butter
Für die Soße:
1 TL Mehl · 1 Ei · ¼ Tasse Milch · 1 Kohlrabi
2 Scheiben Brötchen · 1 TL Butter

Das gewaschene, nachgesehene Hähnchen innen und außen mit Salz und Pfeffer bestreuen, in eine kleine Pfanne legen und mit heißem Wasser begießen. Bei nicht zu starker Hitze langsam garkochen. Die Wassermenge kontrollieren, eventuell nachfüllen; sie sollte aber ½ Liter nicht überschreiten. Nach

30 Minuten Kochzeit die geschälte Zwiebel zugeben. Ist das Hähnchen nach 50–60 Minuten gar, die Brühe durch ein Sieb abgießen und beiseite stellen. Das Hähnchen abtropfen lassen.

Die Butter in einem breiten Tiegel erhitzen und leicht bräunen lassen. Das in vier Teile zerlegte Hähnchen auf beiden Seiten darin knusprig braun braten. Dann auf einer Platte warm stellen.

Für die *Soße* in der verbliebenen Bratbutter 1 TL Mehl leicht anschwitzen und die Hähnchenbrühe auffüllen. Durchkochen lassen. Das in der Milch angerührte Ei zugeben und nicht mehr kochen lassen, weil sonst die Soße flockig wird.

Den Kohlrabi schälen, zuerst in Scheiben, dann in Stifte schneiden und in wenig Salzwasser separat gardünsten (15–20 Minuten). Nur die Kohlrabistifte in die Soße geben. Die Brötchenscheiben in Würfel schneiden, in der Butter anrösten und zur Soße reichen.

Dazu werden Halbseidene Klöße gegessen, sonntags auch Thüringer Klöße.

Ein ganz altmodisches Gericht, das aber immer noch beliebt ist. Auf diese Weise wird auch ein zähes Huhn genießbar. Wird das Gericht von einem Suppenhuhn zubereitet, gibt es eine besonders kräftige Brühe.

Putenbraten mit Thüringer Klößen

1 kleine Pute (2–3 kg) · 1 TL Margarine
20 g Möhre · 20 g Zwiebel · 20 g Sellerie
Salz · Pfeffer · 50 g Margarine
50 g Räucherspeck · 50 g Speck · 50 g Butter · 1 Zwiebel
100 g Schmand · 100 g süße Sahne · 2 TL Speisestärke

Die Pute genau prüfen, vor allem, ob die Galle entfernt ist. Waschen und trockentupfen. Hals und Flügel abschneiden, etwas kleinhacken und in wenig Margarine kurz anbraten. Das geputzte, zerkleinerte Gemüse zufügen, mitschmoren lassen, dann Wasser und Salz zugeben und zugedeckt 1 Stunde kochen lassen.

Inzwischen die Pute in Keulen- und Rückenstücke zerlegen, dabei das hohe Bruststück im ganzen lassen. Das Fleisch salzen und pfeffern. In einer Gänsebratpfanne Margarine erhitzen, Räucherbauch- und Speckscheiben darin kurz anbraten und auf diese die Putenstücke legen. Ringsum schön braun anbraten. Ab und zu Butterflöckchen zugeben und heißes Wasser zugießen, dann immer wieder »einbraten« lassen und zugießen – bis ein schöner brauner Bratsatz entstanden ist. Dann die geschälte, geviertelte Zwiebel hineingeben und weiterbraten. Die aus dem Putenklein gekochte Brühe durch ein Sieb in die Pfanne gießen und damit den Bratfonds ablöschen. Alle Putenstücke und die Soße kurz aus der Pfanne nehmen. Das Bratfett abschöpfen und zurück in die Pfanne geben. Darin Schmand und Sahne anschmoren, bis beides schön hellbraun ist. Soße und Fleisch wieder in die Pfanne geben. Mit der Haut nach oben einlegen, die restliche Butter zerlassen und darübergeben. Zugedeckt in die auf 220 Grad vorgeheizte Röhre stellen und bei öfterem Begießen 1½–2 Stunden braten lassen. Dabei ständig auch die Flüssigkeitsmenge kontrollieren; eventuell Wasser nachgießen.

Die Putenstücke erkalten lassen. Kurz vor dem Servieren alle Fleischstücke nochmals in die Pfanne geben und in der Röhre kurz erwärmen. Das hohe Brustfleisch dabei in dicke Scheiben schneiden und dachziegelartig übereinanderlegen. Die Soße mit etwas in kaltem Wasser angerührter Speisestärke binden.

Dazu werden Thüringer Klöße und Rotkraut oder Wirsing gegessen.

Pute muß ganz sorgfältig behandelt werden, damit sie nicht trocken wird. Sie soll saftig sein und ihre Haut knusprig, wenn auch nicht so kross wie beim Gänsebraten.

Schweiß

400 ml Milch · 100 ml Wasser
¼ l Gänse- oder Schweineblut · 1–2 Eier
1½ TL Salz · 1 gehäufter TL Majoran · 1 TL Kümmel · Pfeffer
2 Semmeln · 100 g Zwiebel · 100 g Speck

Milch, Wasser und Blut gut verrühren. Eier, Salz und Gewürze zugeben und weiter rühren. Die Semmeln in Scheiben und dann in Würfel schneiden und hinzufügen. Die Zwiebel schälen, kleinhacken und zu den ausgebratenen Speckwürfeln in eine breite Pfanne geben. Die Zwiebel nur glasig werden lassen. Das Blutgemisch in die Pfanne geben, kurz stocken lassen. In der Herdröhre bei 180 Grad ca. 30 Minuten garen lassen.

Dazu gibt es Sauerkraut und Salzkartoffeln.

Ein herzhaftes Gericht, das jedes Jahr im Herbst, zur Gänseschlachtzeit, zubereitet wird. Mit Sauerkraut schmeckt es besonders köstlich!

Schwarzsauer zu Klößen

Gänseklein von 2 Gänsen · ½ TL Salz
50 g geschälte kleingehackte Zwiebel
1 Nelke · 2 Pimentkörner · 3 Pfefferkörner · ½ TL Mehl
1 TL Reibekuchen · 125 ml Gänseblut (aufgefangen mit ein wenig Essig und Wasser verquirlt)
2 TL Essig · 1 Msp. Zucker · Pfeffer · Salz · 50 g Butter

Das Gänseklein mit Salz, Zwiebel und Gewürzen in nicht zu viel kaltem Wasser ansetzen, zum Kochen bringen und in ca. einer Stunde weichköcheln lassen. Die Brühe durch ein Sieb in einen Topf gießen; das Gänseklein abtropfen lassen.

350 ml Brühe mit dem in wenig kaltem Wasser angerührten Mehl und dem ebenfalls angerührten Reibekuchen leicht binden, aufkochen lassen und vom Herd nehmen. Das Gänseblut flott unterrühren, von nun an nicht mehr kochen lassen! Das Blut macht die Soße seimig. Das Schwarzsauer mit Essig, Zucker, frisch gemahlenem Pfeffer und Salz würzig abschmecken.

In einer Pfanne die Butter erhitzen. Das gare Gänseklein darin von allen Seiten knusprig braun anbraten. Die übrigbleibende Butter auf die Schwarzsauersoße gießen.

Das Gänseklein auf einer vorgewärmten Platte anrichten. Die Soße extra dazu reichen. Mit Thüringer Klößen servieren.

Schwarzsauer ist ein uraltes, typisch Thüringer Gericht, das in der Vorweihnachtszeit, wenn es ans Gänseschlachten ging, in jeder Bauernwirtschaft auf den Tisch kam. Man kann Schwarzsauer auch aus frischgeschlachtetem Schweinefleisch und mit Schweineblut zubereiten. Das ist eine Spezialität für Kenner!

Stallhase auf wilde Art

1 Kaninchen · 30 g Speck · 1–2 l Buttermilch
1 kleines Lorbeerblatt · 2 Nelken · 4 Wacholderbeeren
4–5 Pfefferkörner · 2 Pimentkörner
1 EL Senf · 20–25 g Salz · 25 g Butter · 50 g Margarine
70 g Speck · 50 g Zwiebel · 100 g saure Sahne
100 g Schmand · 1 TL Mehl · 1 TL Speisestärke

Geflügel, Wild und Kaninchen

Das Kaninchen säubern, waschen. Dabei das Nierenfett zu ²/₃ entfernen. Den Hasen in 7 Teile zerlegen: 2 Vorderläufchen, 2 Keulen und 3 Rückenstücke. Keulen und Rückenstücke mit 30 g in dünne Streifen geschnittenem Speck spicken. Die Stücke in ein hohes Gefäß legen. Die Buttermilch mit den Gewürzen verquirlen und über die Hasenstücke gießen. Sie sollen völlig von ihr bedeckt sein. Das Fleisch 1–2 Tage so marinieren lassen.

Dann das Fleisch herausheben, auf einem Durchschlag abtropfen lassen und trockentupfen. Dünn mit Senf bestreichen und salzen.

In einer Bratpfanne Butter und Margarine erhitzen, den in Scheiben geschnittenen Speck darin glasig braten lassen und die Kaninchenstücke darin anbraten. Die Buttermilchmarinade durch ein Sieb abgießen und die Gewürze dem Hasenbraten zufügen.

Die Hasenstücke von allen Seiten braun braten. Dabei immer wieder mit etwas heißem Wasser den Bratsatz lösen und die Pfannenränder abkratzen. Dann die Flüssigkeit »einbrutzeln« lassen und den Vorgang wiederholen.

Wenn der Bratfonds richtig braun geworden ist, etwas mehr Wasser zugießen, aufkochen lassen und die Soße in einen kleinen Topf gießen. Das obenschwimmende Bratfett zurück in die Pfanne schöpfen und darin das Sahne-Schmand-Gemisch braun schmoren lassen. Dann die Soße zurückgeben, soviel Wasser zufügen, daß die Hasenstücke zu einem Drittel mit Flüssigkeit bedeckt sind.

In der vorgeheizten Röhre den Braten zugedeckt eine Stunde bei 220–250 Grad garen lassen. Die Hasenstücke auf einer vorgewärmten Platte anrichten. Die Soße mit etwas kalt angerührtem Mehl und ebenso angerührter Speisestärke binden. Durch ein Sieb gießen.

Mit Rotkraut und Thüringer Klößen auftragen.

Früher wurde die gute Sahne gleich von den Milchkannen im Keller abgeschöpft. Heute ist ein Schmand-Sahne-Gemisch zu bevorzugen.

Kaninchenbraten süßsauer

1 Kaninchen · 20 g Speck · 20 g Salz · Pfeffer
50 g Margarine · 60 g Zwiebel · 100 g Möhre
50 g Sellerie · ½ Lorbeerblatt · 5 Pfefferkörner
4 Wacholderbeeren · 2 Pimentkörner
1 TL Mehl · 3 TL gemahlener Soßenkuchen
3 TL Essig · 1 TL Zucker · 75 g Butter

Das Kaninchen in sieben Portionen teilen: 2 Keulen, 2 Vorderläufe und 3 Rückenstücke. Die Fleischstücke waschen, trockentupfen, die Keulen mit dem gekühlten, in feine Streifen geschnittenen Speck spicken. Alle Stücke salzen und pfeffern. In einer großen Bratpfanne Margarine erhitzen und die Portionen darin von allen Seiten etwas braun anbraten. Wasser angießen, die geschälte, geviertelte Zwiebel, das geputzte, kleingeschnittene Gemüse und alle Gewürze zugeben. Soviel Wasser auffüllen, daß das Fleisch bis zur Hälfte bedeckt ist.

In die heiße Herdröhre schieben und bei 220 Grad 1½ Stunde braten lassen. Das Kaninchen wird eigentlich mehr gekocht als gebraten und soll nicht zu braun werden. Das gare Fleisch aus der Pfanne nehmen und warm stellen.

Die Soße samt Gemüse durch ein Haarsieb streichen und mit Wasser oder Fleischbrühe auf ½ l auffüllen. 1 TL Mehl und 3 TL gemahlenen Soßenkuchen in etwas Wasser anrühren und die Soße damit binden. Mit Essig und Zucker schön süßsauer abschmecken. Das Fleisch wieder in die Pfanne legen und die Soße darüber gießen. 75 g gebräunte

Geflügel, Wild und Kaninchen

Feldhasenrücken mit Rosenkohl

Geflügel, Wild und Kaninchen

Butter über das Fleisch geben, den Braten in der Röhre kurz überbräunen und dabei durchziehen lassen. – Dazu gibt es Stärkeklöße oder Halbseidene Klöße.

Dieses Rezept liebten schon unsere Urgroßmütter. Es ist weit verbreitet und auch heute noch eine willkommene Abwechslung. Ein Sonntagsbraten ist es aber nicht.

Feldhasenrücken nach Greizer Art

1 großer oder zwei kleine Feldhasenrücken (800–1000 g)
80 g Speck · 1 TL Salz · Pfeffer · 20 g Margarine
40 g Butter · 50 g Zwiebel · 2 Wacholderbeeren
1/4 Lorbeerblatt · 100 ml Schmand · 100 ml saure Sahne
1/4 l heißes Wasser · 2 EL Rotwein · 1 TL Speisestärke
Zucker · Zitronensaft · Preiselbeeren

Den Hasenrücken häuten und mit 30 g Speckstiften spicken. Mit Salz und Pfeffer einreiben. Die Margarine in einer großen Bratpfanne erhitzen. Den restlichen Speck in Scheiben schneiden und zugeben. Die Fleischstücke mit der gespickten Seite nach unten anbraten, dann wenden und wieder anbraten. Die Butter zerlassen. Die Hälfte davon auf den Hasenrücken schöpfen. Die geschälte, halbierte Zwiebel zugeben und goldgelb werden lassen. Dann die zerdrückten Wacholderbeeren und das Lorbeerblatt zufügen. Ist der Bratsatz schön braun geworden, das Schmand-Sahne-Gemisch zugießen und weiter schmoren lassen, bis die Soße hellbraun geworden ist. Dabei immer rühren. 1/4 l heißes Wasser und den Rotwein zugießen. Die restliche zerlassene Butter auf den Hasenrücken gießen. Die Pfanne zugedeckt in die vorgeheizte Herdröhre schieben und bei 220 Grad 30–40 Minuten garen. Eventuell etwas heißes Wasser zugießen. Dann die Röhre abschalten und den Braten noch 10 Minuten darin ruhen lassen. Den Hasenrücken auf einer vorgewärmten Platte anrichten. Die Soße mit der in kaltem Wasser angerührten Speisestärke binden. Mit einer Prise Zucker und einem Spritzer Zitrone abschmecken. Mit den Preiselbeeren garnieren.

Dazu schmecken Kartoffelbällchen und Rosenkohl.

Ein feines Rezept! Rehrücken wird auf ähnliche Weise zubereitet, aber ohne Rotwein.

Feldhase

1 Hase · 100 g Speck · 1 kleines Lorbeerblatt
3 Nelken · 5 Pfefferkörner · 5 Wacholderbeeren
5 Pimentkörner · 1/8 l Wasser · 1 l Buttermilch
20–25 g Salz · Pfeffer · 50 g Margarine · 50 g Zwiebel
100 ml saure Sahne · 100 ml Schmand
50 g Butter · 2 TL Speisestärke · Zitronensaft

Den Hasen in 7 Stücke teilen: 2 Läufchen, 2 Keulen und 3 Rückenstücke. Die Keulen und die Rückenstücke häuten und mit 30 g in schmale Streifen geschnittenem Speck spicken.

Alle Gewürze in 1/8 Liter Wasser 10 Minuten kochen und wieder abkühlen lassen. Mit dem Kochwasser zur Buttermilch geben und verrühren. Den Hasen 1–2 Tage in die gewürzte Buttermilch einlegen und öfters wenden.

Dann herausheben, abtropfen lassen und trockentupfen. Mit Salz und Pfeffer einreiben. In einer großen Bratpfanne Margarine und den restlichen, in Scheiben geschnittenen Speck erhitzen. Die Hasenstücke dazugeben und schön braun anbraten. Die geschälte, halbierte Zwiebel hinzufügen und kurz mitbraten. Immer wieder mit etwas heißem Wasser den Bratsatz lösen und die Pfannenränder abkratzen. Dann die Flüssigkeit »einbrutzeln« lassen und den Vorgang wiederholen. Wenn der Bratfonds richtig braun geworden ist, etwas mehr Wasser zugießen, aufkochen lassen und die Soße in einen kleinen Topf gießen. Das oben schwimmende Bratfett zurück in die Pfanne schöpfen und darin das Sahne-Schmand-Gemisch braun schmoren lassen. Dann die Soße zurückgeben, soviel Wasser zufügen, daß die Hasenstücke zur Hälfte mit Flüssigkeit bedeckt sind. Die Butter zerlassen und über den Hasen geben. In der vorgeheizten Röhre den Braten zugedeckt 1–1$^1/_2$ Stunde bei 220 Grad garen lassen. Die Hasenstücke auf einer vorgewärmten Platte anrichten. Die Soße mit etwas kalt angerührter Speisestärke binden. Durch ein Sieb gießen. Mit einem Spritzer Zitronensaft abschmecken.

Dazu gehören Thüringer Klöße und Rotkraut.

Früher war Wild eine Seltenheit, heute gibt es in unserer guten Jagdgegend alle Sorten reichlich.

Der große Weihnachtsbraten

Beim großen Weihnachtsmenü dominiert der Braten mit den guten Thüringer Klößen. Die feinere häusliche Küche reicht dazu noch zweierlei Kraut: Rotkraut und Wirsing. Wird das Rotkraut mit dem abgeschöpften Gänsefett geschmort, schmeckt es besonders fein! Von Vorsuppen und großartigen Nachspeisen hält der Thüringer an diesem Tag nicht viel; er will sich an Gans oder Karpfen, an Pute oder Wildschwein sattessen, bis er nicht mehr kann. Später gibt es dann meist noch Kaffee und Stolle.

Weihnachtsgans

1 Gans (ca. 4–5 kg) · 40 g Salz · 4 Stengel Beifuß
1 kleiner Apfel · 1 Zwiebel · 2 TL Kartoffelmehl
Rotkraut:
750 g Rotkraut · 70 g Gänsefett · 1 Zwiebel (ca. 50 g)
20 g Salz · 2 Nelken · 1/2 Lorbeerblatt · 1 Apfel
20 g Zucker · 1–2 EL Essig · 1 TL Mehl
Salz · Zucker · Essig zum Abschmecken · 20 g Speck
Wirsing:
1 Wirsingkohl · 1 TL Salz · 1 TL Butter · Muskat

Flügel und Hals von der Gans abtrennen und mit Herz, Magen, Leber als Gänseklein weiterverarbeiten. Die gut nachgesehene (Galle entfernen!), gewaschene und trockengetupfte Gans innen und außen einsalzen. Den Beifuß, den ganzen, ungeschälten Apfel (nur die Blüte entfernen!) und die geschälte Zwiebel in den Gänsebauch stopfen und zustecken. (Zunähen ist nicht nötig, wenn man mit der Gans vorsichtig umgeht!)

1/2 Liter heißes Wasser in die Bratpfanne geben und die Gans mit der Brustseite nach unten ins Wasser legen. Zugedeckt bei nicht zu starker Hitze 1 Stunde kochen lassen. Dann die Gans auf den Rücken drehen und die aufgedeckte Pfanne in die vorgeheizte Röhre stellen. Bei 225 Grad die Gans in zwei Stunden gar braten. Zwischendurch ständig Fett abschöpfen und etwas heißes Wasser nachgießen. Nicht zuviel Wasser zugeben, die Gans soll braten, nicht kochen! Wenn die Gans weich ist, muß sie knusprigbraun aussehen. Die gar gebratene Gans herausnehmen und abkühlen lassen. Die Füllung aus der Bauchöffnung entfernen. Die Gans tranchieren in zwei Keulenstücke, zwei Mittelstücke und zwei Bruststücke.

Die portionierte Gans jeweils mit der Hautseite nach oben nochmals in die Pfanne legen, ein wenig Soße dazugeben und in der heißen Röhre überbräunen. 10 Minuten vor dem Essen die Gänsestücke mit kaltem Wasser bepinseln, damit sie ganz knusprig werden. Die Soße durch ein Sieb in einen kleinen Topf streichen, mit dem in kaltem Wasser angerührten Kartoffelmehl binden und würzig abschmecken.

Das *Rotkraut* vierteln, dann achteln, den Strunk entfernen und in feine Streifen schneiden. Das abgeschöpfte Gänsefett erhitzen und die geschälte, kleingeschnittene Zwiebel darin glasig braten. Das Rotkraut dazugeben. Die Gewürze, den geschälten, gewürfelten Apfel und das Wasser hinzufügen. Bei leichter Hitze 1/2 Stunde dünsten. Dann Zucker und Essig hinzugeben. Eventuell etwas Wasser nachfüllen und weitere

20 Minuten dünsten lassen. Mit 1 TL Mehl bestäuben, kurz aufkochen lassen und pikant mit Salz, Zucker, Essig abschmecken. Den gewürfelten Speck ausbraten und mit dem Bratfett auf das Rotkraut geben.

Vom *Wirsing* die oberen schlechten Blätter und den Strunk abschneiden, vierteln, dann achteln und in feine Streifen schneiden. Den Wirsing mit ¼ l Wasser und 1 TL Salz in 15–20 Minuten weich dünsten. Das Kochwasser abgießen, den Wirsing mit zerlassener Butter begießen und mit einer Spur Muskat würzen.

Beide Gemüse werden getrennt serviert. Dazu gibt es Thüringer Klöße.

Die Gans ist der typische Thüringer Weihnachtsbraten. Gänse werden auch schon um Michaelis geschlachtet.

Wildschweinbraten

1 kg Wildschwein · ½ l Buttermilch · 100 g Räucherbauch
30 g Margarine · 2 TL Salz · Pfeffer
80 g Zwiebel · 3 zerdrückte Wacholderbeeren
2 Nelken · ½ Lorbeerblatt · 1 EL Sahne · 1 EL Schmand
30 g Möhre · 50 g Butter · 2 TL Speisestärke
Salz · Pfeffer · Preiselbeeren

Das gewaschene, gesäuberte Fleisch in einen nicht zu großen Topf geben. Buttermilch darübergießen. Kühl stellen und 1–2 Tage marinieren. Dann das Fleisch herausnehmen, abtropfen lassen und trockentupfen.

Den Räucherbauch in nicht zu dünne Scheiben schneiden. Margarine in einer Bratpfanne erhitzen und den Räucherbauch hineingeben. Das gesalzene und gepfefferte Wildschweinfleisch auf die Speckscheiben legen und ringsum schön braun anbraten. Die geschälte, halbierte Zwiebel, Wacholderbeeren, Nelken und Lorbeerblatt zufügen und mitbraten. Dabei immer wieder mit etwas heißem Wasser den Bratsatz lösen und die Pfannenränder abkratzen. Dann die Flüssigkeit »einbrutzeln« lassen und den Vorgang wiederholen. Wenn der Bratfonds richtig braun geworden ist, etwas mehr Wasser zugießen, aufkochen lassen und die Soße in einen kleinen Topf gießen. Das oben schwimmende Bratfett zurück in die Pfanne schöpfen und darin das Sahne-Schmand-Gemisch braun schmoren lassen. Dann die Soße zurückgeben, soviel Wasser zufügen, daß der Braten zur Hälfte mit Flüssigkeit bedeckt sind. Die Möhre zugeben. Butter zerlassen und über den Braten gießen. In der vorgeheizten Röhre zugedeckt 1½ Stunde bei 220 Grad garen lassen. Das Fleisch in Scheiben schneiden und auf einer vorgewärmten Platte anrichten. Mit Preiselbeeren garnieren. Die Soße mit etwas kalt angerührter Speisestärke binden, mit Salz und Pfeffer abschmecken. Durch ein Sieb gießen.

Dazu ißt man natürlich Klöße und Rotkraut.

Apfel-Sahne-Creme

250 g ungesüßtes Apfelmus · 5 EL Zucker · 1 Messerspitze Zimt
2 EL Zitronensaft · 1 gestrichener TL Gelatine · 2 EL Rum
2 EL Zitronensaft · 250 g Schlagsahne
1 Päckchen Vanillezucker · 2 EL gemahlene Haselnüsse

Das Apfelmus mit 3 EL Zucker süßen, Zimt zugeben. Die Gelatine in dem erhitzten Rum und dem Zitronensaft auflösen. Unter das Apfelmus rühren. Die Sahne mit dem Vanillezucker steifschlagen und unterziehen. Die Creme in Portionsschalen geben und kühl stellen. 2 EL Zucker mit den gemahlenen Haselnüssen unter ständigem Rühren in trockener Pfanne rösten. Damit die Creme bestreuen.

Süße Sachen

Gerade unter den Süßspeisen sind stärker als in anderen Kapiteln dieses Buches traditionelle Speisen zu finden: So ist der Kirschenmichel ein herrlich schmeckender Auflauf aus genau aufeinander abgestimmten Zutaten. Die Kartoffeldetscher werden noch heute gleich auf der blanken Herdplatte gebacken. Von der grünen Bulz und der Bröckelbulz schwärmen vor allem die Älteren ... Allerdings sind Süßspeisen nicht so zahlreich wie andere Gerichte. Da die Thüringer das Kuchenbacken und Kuchenessen lieben und gern ausgiebig vespern, bevorzugen sie mittags herzhafte Speisen.

Kartoffeldetscher

(ca. 15 Stück)
400 g Pellkartoffeln · 250–300 g Mehl · 1 Ei
½ TL Salz · 75–100 g Butter · 75–100 g Zucker

Die in der Schale gekochten Kartoffeln abpellen und noch warm durch eine Kartoffelquetsche drücken. Mit Mehl, Ei und Salz vermengen und einen Teig kneten. Den Teig halbieren. Jede Hälfte dünn ausrollen und daraus etwa 10 x 15 cm große Stücke schneiden. Die Detscher bei mittlerer Hitze in einem gußeisernen Tiegel oder in einer Antihaftpfanne langsam backen, bis sie Blasen bekommen. Dann wenden und auf der anderen Seite ebenso backen.

Früher wurden die Detscher gleich auf der heißen Herdplatte gebacken. Besitzer eines Elektroherdes können es auf der großen Kochplatte versuchen! Jeden fertigen Detscher sofort mit zerlassener Butter bestreichen, reichlich Zucker darüberstreuen und in einer vorgewärmten Schüssel übereinanderschichten. So verfahren, bis alle Detscher gebacken sind. Dabei zügig arbeiten, der Kartoffel-Mehlteig wird weich, wenn er zu lange liegt.

Die Schüssel mit den Detschern kommt auf den Tisch, jeder bedient sich. Dabei werden die Stücke zusammengerollt. Messer und Gabeln sind dabei verpönt. Dazu gibt es schwarzen Kaffee.

Das ist ein uraltes Rezept unserer Urgroßmütter. Es war eine solche Köstlichkeit, daß man früher die Frauen in den Spinnstuben noch zu nächtlicher Stunde mit der süßen Leckerei überraschte. Damals wurden die Detscher auf der heißen Herdplatte des Küchenofens gebacken. In einigen Gegenden werden heute noch Kartoffeldetscheressen mit der ganzen Verwandtschaft veranstaltet.

Thüringer Kartoffelpuffer

2,5 kg Kartoffeln · 2 EL Mehl · 2 Eier · 2 TL Salz
1 kleine Zwiebel · Öl zum Braten · Zucker zum Bestreuen
Apfelmus, Preisel- oder Heidelbeeren
Johannisbeeren mit Kaffeesahne und Zucker

Die Kartoffeln schälen, so daß ca. 2 kg geschälte rche Kartoffeln übrig bleiben. Die so vorbereiteten Kartoffeln grob reiben, ein paar Löffel von dem austretenden Kartoffelwasser abschöpfen. Mehl, Eier, Salz und geschälte, geriebene Zwiebel unterrühren. In einem breiten Tiegel wenig Öl erhitzen. Mit der Schöpfkelle immer drei handtellergroße Puffer nebeneinander setzen, eventuell etwas breitstreichen. Auf beiden Seiten knusprig braun braten.

Dazu gehören Apfelmus, auch Heidel- oder Preiselbeeren. Beliebt ist ebenfalls, rote oder schwarze Johannisbeeren, mit Kaffeesahne und Zucker angerichtet, dazu zu reichen. Über die Puffer wird meist etwas Zucker gestreut.

Eine gute Mahlzeit zur Beerenzeit!

Quarkkeulchen mit Heidelbeeren

750 g Pellkartoffeln · 250 g trockener Quark · 40 g Mehl
1/4 TL Backpulver · 40 g Grieß · 65 g Zucker
50 g Rosinen · 2 Eier · Salz · Öl zum Braten
3 EL Zucker · 1 TL Zimt · Heidelbeeren oder
anderes frisches Beerenobst mit Milch bzw. Apfelmus

Die in der Schale gekochten und noch warmen Kartoffeln abpellen, zerquetschen und mit dem Quark verkneten. Dabei Mehl, Backpulver, Grieß, Zucker, Rosinen und die 2 Eigelb zugeben und unterkneten. Die mit einer Prise Salz steif geschlagenen Eiweiß werden vorsichtig untergehoben.

Mit bemehlter Hand flache längliche Plätzchen formen, breitdrücken und in heißem Öl langsam von beiden Seiten knusprig braun braten. Bei nicht zu großer Hitze braten, damit sie richtig durchgebacken sind, dabei außen aber nicht schwarz werden. Der Teig muß auch zügig verarbeitet werden, weil er schnell weich und klebrig wird!

3 EL Zucker mit 1 TL Zimt mischen und über die fertig gebackenen Quarkkeulchen streuen. Dazu die mit Milch angesetzten Heidelbeeren servieren.

Auch schwarze und rote Johannisbeeren oder Apfelmus können dazu gereicht werden.

Hefeklöße mit Speck und Heidelbeeren

500 g Mehl · 40 g Hefe · 200 ml Milch
3 EL zerlassene Margarine · 2 EL Zucker · 2 Eier
1/4 TL Salz · 75 g Speck · 75 g Butter

Das Mehl in eine Schüssel geben und eine Vertiefung eindrücken. Die Hefe in der lauwarmen Milch verquirlen. In die Mitte gießen und zunächst mit einem Teil des Mehls verrühren, dann alle übrigen Zutaten (Margarine, Zucker, Eier, Salz) hinzufügen und den Teig tüchtig schlagen. Mit bemehlten Händen Klöße – so groß wie kleine Äpfel – formen. Die Klöße auf ein bemehltes Brett legen und an warmem Ort ca. 1 Stunde aufgehen lassen.

In einem großen Topf reichlich Salzwasser zum Kochen bringen. Die Klöße einlegen und 5 Minuten kochen lassen, dann wenden und nochmals 5 Minuten kochen lassen. Die Klöße werden dabei doppelt so groß wie vorher. Mit einer Lochkelle die garen Klöße herausnehmen, sofort auf einen Teller legen und mit einer Gabel aufreißen (so fallen sie nicht zusammen).

Den gewürfelten Speck in der heißen Butter ausbraten und die knusprigen Speckwürfel über die aufgerissenen Hefeklöße geben. Dazu gibt es Heidelbeerkompott.

Eine pikante, typisch Thüringer Mahlzeit!

Süße Sachen

Bröckelbulz oder Schustertorte

500 g gekochte und geschälte Kartoffeln · 10 g Salz
50 g Butter oder Margarine

Die Kartoffeln durch die Kartoffelquetsche pressen und mit dem Salz vermischen. Butter oder Margarine in einem großen Tiegel erhitzen und die Kartoffelmasse etwa 2–3 cm hoch in den Tiegel drücken. Im erhitzten Fett zuerst auf einer Seite schön goldbraun braten, dann vorsichtig wenden und auf der anderen Seite braten.

Früher kam mitten auf den Tisch ein großer runder Kuchendeckel. Darauf wurden 3, 4 oder auch mehr Bulztiegel gekippt. Dazu gab es süßen Milchkaffee. Das war eine Köstlichkeit. Es machte auch Spaß, wenn 6 oder 10 Leute rings um den großen Tisch saßen und an der Bulz zupften. Ab und zu wird sie auch heute noch gebacken, vor allem dann, wenn Kartoffeln vom Mittagessen übrig geblieben sind.

Grüne Bulz

2,5 kg Kartoffeln · 3/8 l Milch · 2 TL Salz
30 g Margarine · 125 g Speck

Die rohen Kartoffeln schälen und reiben. Den »Reibrich« auf Sieben abtropfen lassen. Eventuell mit dem Quirl nachhelfen. Oder im Kartoffelsack auspressen.

Es bleibt etwa ein Drittel Kartoffelmasse übrig, also ca. 1 kg. Diese Masse in eine ausreichend große Schüssel geben und mit der kochenden Milch überbrühen. Salz darunterrühren. Im Tiegel die Margarine erhitzen und den gewürfelten Speck darin ausbraten. Etwa die Hälfte der Speckwürfel beiseite stellen. Die Kartoffelmasse einfüllen und andrücken. Auf der unteren Seite schön braun braten, dann wenden und auf der anderen Seite weiter braten. Zuletzt die Bulz in Stücke reißen und zu Ende braten, so daß mehrere knusprige Teile entstehen. Die restlichen Speckwürfel darübergeben und servieren.

Dazu gibt es Heidelbeeren, Preiselbeeren oder Apfelmus.

Ein Rezept unserer Urgroßmütter, das noch heute sehr beliebt ist.

Kirschenmichel

6 Brötchen · 1/2 l Milch · 4 Eigelb · 5 EL Zucker
75 g geriebene Mandeln · 1 EL Mehl
2 EL Margarine · 1 Msp. Backpulver · 1 EL Zitronensaft
4 Eiweiß · 1 Msp. Salz
3/4-l-Glas Süßkirschen oder frische Süßkirschen
1/2 l Milch · 1 Päckchen Vanillesoßenpulver

Die Brötchen in Würfel schneiden und in der Milch einweichen. 4 Eigelb mit 2 EL Zucker, den geriebenen Mandeln, 1 EL Mehl, 2 EL Margarine und dem Backpulver verrühren. Zitronensaft zugeben und alles unter das Milch-Brötchen-Gemisch ziehen. 2 Eiweiß mit 1 Messerspitze Salz steifschlagen und unter das Gemisch heben. Die Hälfte der Masse in eine gut gefettete Auflaufform geben, die frischen oder gut abgetropften Konservenkirschen darauflegen und mit dem Rest der Masse bedecken.

Im vorgeheizten Ofen bei 200–220 Grad 30 bis 40 Minuten backen.

In der Zwischenzeit die restlichen 2 Eiweiß mit einer Prise Salz steifschlagen und dabei allmählich

Kirschenmichel

Süße Sachen

3 EL Zucker zugeben. Diese steife Schaummasse auf den fast fertigen Auflauf streichen und weitere 10–15 Minuten bei 175 Grad backen, bis die Schaummasse allmählich bräunlich wird. Backröhre abschalten und noch 5 Minuten im Herd lassen.

Zum warmen Kirschenmichel wird kalte Vanillesoße gereicht.

Eierkuchen

4 Eier · 500 ml Milch · ¼ TL Salz · 1 TL Zucker
175 g Mehl · Öl zum Braten
Apfelmus oder Konfitüre

Die Eigelb von den Eiweiß trennen. Die Eigelb mit der Milch, dem Salz und dem Zucker verrühren und nach und nach unter Schlagen in das Mehl gießen. Den steifgeschlagenen Eischnee unterziehen. In einer Stielpfanne wenig Öl erhitzen und nacheinander immer eine Schöpfkelle voller Eierkuchenteig langsam in die Pfanne geben, gleichmäßig verteilen und goldgelb von beiden Seiten backen.

Dazu Zucker, Apfelmus oder Konfitüre reichen. Die Eierkuchen damit bestreuen oder bestreichen. Dazu schmecken auch gezuckerte Heidelbeeren oder Preiselbeeren.

Ein leichtes Essen für Leckermäuler! Früher wurde vor den Eierkuchen immer eine Suppe zur Sättigung gereicht.

Grießbrei

2 l Milch · ½ TL Salz · 12 EL Grieß · 6 EL Zucker
1 gehäufter TL Zimt · 50 g Butter

Milch mit Salz erhitzen und den Grieß unter Rühren einrieseln lassen (Den Grieß nicht zuvor anrühren, er wird sonst »leimig«!). Unter Rühren einige Sekunden kochen lassen. Vorsicht, der Brei brennt leicht an! Den Grießbrei auf tiefen Tellern anrichten. Den Zucker mit dem Zimt mischen und den Brei damit bestreuen. Die Butter bräunen und auf den Grießbrei geben

Ein schnell zubereitetes Gericht bei Zeitnot, aber auch sehr beliebt nach einem vorangegangenen üppigen Festmahl.

Semmelmilch

4 Semmeln · ¼ TL Salz · 2 TL Zucker · 1 l Milch

Die Semmeln in Scheiben schneiden und in eine Schüssel legen. Salz und Zucker darüberstreuen. Die Milch zum Kochen bringen und die Semmelscheiben damit überbrühen. Kalt werden lassen. Gut gekühlt servieren.

Semmelmilch wurde immer zu Himmelfahrt zubereitet. Es wird draußen langsam warm und jeder verlangt nach etwas Kühlem. Auch an ganz heißen Sommertagen ist Semmelmilch ein Hochgenuß.

Rezeptverzeichnis

Apfel-Sahne-Creme 90

Bachforellen, Thüringer, blau gekocht 72
Bauernfrühstück 55
Blumenkohl, dicker 24
Blumenkohlsalat 46
Bratkartoffeln 57
Bratklops 31
Bröckelbulz oder Schustertorte 93
Bulz, grüne 93
Buttergemüse 25

Dickbein (Schweinehaxe, Eisbein) 25

Eierkuchen 95
Elfenspeise 47
Entenbraten 76
Erbseneintopf, gelber 63
Erdbirnen 50

Feldhase 85
Feldhasenrücken 85
Festtagskarpfen im Gemüsebett 68
Fleischklößchen (zu Porreepfanne) 50
Fleischspieße, würzige 42

Forellen, gebratene 72
Forellen, Thüringer Bachforellen blau gekocht 72
Frühlingssalat 46

Gans (Weihnachtsgans) 87
Gartensalat 46
Gartensalat auf andere Art 46
Gartensuppe, feine Thüringer 60
Gebackene Kartoffelklöße 59
»Geschneet« (Geflügelklein) mit Gemüsereis 65
Grießbrei 95
Gulasch, Schleizer 28
Gurken-Bohnen-Salat 31

Hähnchen, gefülltes 77
Hähnchen in Kohlrabisoße 80
Hähnchen in würziger Soße auf Knausche Art 78
Hähnchen, paniertes 43
Halbseidene Klöße 17
Hasenrücken 85
Hausmachersülze 57
Hefeklöße 18
Hefeklöße mit Speck und Heidelbeeren 92
Hering, marinierter 75
Hochzeitssuppe, klare 19

Rezeptverzeichnis

Hühnerfrikassee mit Gemüse   80

Kalbsbraten, Pößnecker   36
Kaninchen (Stallhase auf wilde Art)   82
Kaninchenbraten süßsauer   83
Karpfen (Festtagskarpfen) im Gemüsebett   68
Karpfen, Weidaer, blau gekocht   74
Kartoffelbrei mit Leberwurst   56
Kartoffeldetscher   91
Kartoffelpuffer, Thüringer   91
Kartoffelsalat mit Mayonnaise   43
Kartoffelspecksalat, warmer   55
Kartoffelstampf (Kartoffelpüree)   72
Kartoffelstückchen, saure   64
Kartoffelsuppe, Chursdorfer, mit Speck   67
Kirschenmichel   93
Klöße, gebackene   17
Klöße, halbseidene   17
Kohlrübengemüse   35
Krautsalat, warmer   49
Krautwickel   49
Kürbiskompott   69

Lamm- oder Hammelrollbraten   39
Lammkeule, wie Wild zubereitet   40
Linsengemüse mit Thüringer Blutwurst   53
Linsensuppe, süßsaure   60

Mutzbraten, Thüringer   29

Nudeln, selbergemachte   61, 64
Nudeltopf mit Rindfleisch   64

»Osterhase«, gespickter   22

Pilzgulasch   52
Porreepfanne mit Fleischklößchen   50

Putenbraten   81

Quarkkeulchen mit Heidelbeeren   92

Rapunzelsalat   23
Rinderbraten, Oberländer   37
Rinderrouladen   39
Rosenkohl   40
Rostbratwurst, Thüringer   42
Rostbrätel, auf dem Rost gebraten   43
Rostbrätel, geschmorte   32
Rote-Rüben-Salat   57
Rotkraut   87
Rückbeinchen in Meerrettichsoße   30
Rückbeinchen in Zwiebelsoße   30

Sauerbraten   36
Sauerkraut (zu Dickbein)   25
Sauerkraut (zu Thüringer Rostbratwürsten)   54
Saures oder Topfbraten   28
Selleriesalat   69
Semmelgeräusch   56
Semmel- oder Serviettenklöße »Elfriede«   16
Semmelmilch   95
Spaltenkraut   63
Speckpfannkuchen   56
Schinkenspeck   29
Schnippelsuppe, Thüringer   61
Schöpsbraten   40
Schwalbennester   25
Schwarzsauer   82
Schweinekamm   34
Schweinekoteletts   24
Schweineleber   26
Schweinerippchen, gebratene   35
Schweinerippchen zu Petersiliensoße   34
Schweineschnitzel   31

Schweinsknochen   32
Schweinslende   26
Schweiß   82
Seidenklöße   37
Semmel- oder Serviettenklöße   16
Spinat auf Thüringer Art   52
Stallhase auf wilde Art   82
Stangenspargel   37
Stärkeklöße   15

Taube mit selbergemachten Nudeln   61
Tauben, gefüllte   77
Täubchen in Eiersoße   78

Thüringer Klöße   15
Topfbraten oder Saures   28
Topinambur   50

Weihnachtsgans   87
Wickelklöße   16
Wildente   68
Wildschweinbraten   90
Wirsing   87

Zickelbraten   22
Zitronenspeise   23
Zwiebelkuchen   53

Autorin und Verlag bedanken sich bei Brigitta und Norbert Hörig,
Wirtsleute vom Gasthaus »Gambrinus« in Zeitz,
für die Unterstützung beim Kochen und Anrichten der Speisen.

Fotos: Gerald Große, Halle (Titel),
Sigrid Schmidt, Leipzig (Speiseaufnahmen und S. 12),
Dieter Demme, Erfurt (Landschaftsaufnahmen)
Buchgestaltung: Horst Adler, Leipzig
Lektorat: Christa Winkelmann
Satz: TypoLiner GmbH Leipzig
Gesamtherstellung: Messedruck Leipzig GmbH
Printed in Germany

Bereits erschienen:

Der Harz – romantisch-schön mit seiner urwüchsigen Natur, den bezaubernden Orten, den gastfreundlichen Bewohnern und der würzig-kräftigen Küche, die Speisen voller Wohlgeschmack bietet: die aromatischen Klümpe (Klöße), Kraut und Rüben aufs Feinste mit Backobst, köstlichen Würsten und Gepökeltem. Und süße Höhepunkte wie die Obstkuchen mit Sulf! Dieses Buch ist eine Liebeserklärung an die bodenständige Küche des Harzes. »Ätn un Drinken höllt Liew un Seele tesamme!« sagen die Harzer. Also frisch zugelangt und die Spezialitäten ausprobiert!

80 Seiten, farbig, gebunden
ISBN 3-7304-0372-9 · DM 24,80

Verlag für die Frau · Fr.-Ebert-Str. 76/78 · 04109 Leipzig